全民健身战略背景下的体育文化建设与传播研究

范旭东　杜　猛　著

中南大學出版社
www.csupress.com.cn
·长沙·

图书在版编目(CIP)数据

全民健身战略背景下的体育文化建设与传播研究 / 范旭东，杜猛著. —长沙：中南大学出版社，2023.5

ISBN 978-7-5487-5100-7

Ⅰ. ①全… Ⅱ. ①范… ②杜… Ⅲ. ①全民健身—体育文化—研究—中国 Ⅳ. ①G812.4

中国版本图书馆 CIP 数据核字(2022)第 173833 号

全民健身战略背景下的体育文化建设与传播研究

QUANMIN JIANSHEN ZHANLÜE BEIJING XIA DE TIYU WENHUA JIANSHE YU CHUANBO YANJIU

范旭东　杜猛　著

□出 版 人　吴湘华
□责任编辑　陈应征
□封面设计　优盛文化
□责任印制　唐　曦
□出版发行　中南大学出版社
　　　　　　社址：长沙市麓山南路　　　　邮编：410083
　　　　　　发行科电话：0731-88876770　　传真：0731-88710482
□印　　装　石家庄汇展印刷有限公司

□开　　本　710 mm×1000 mm　1/16　□印张 12.25　□字数 210 千字
□版　　次　2023 年 5 月第 1 版　□印次 2023 年 5 月第 1 次印刷
□书　　号　ISBN 978-7-5487-5100-7
□定　　价　78.00 元

前 言

伴随着我国国民经济水平的不断提升，近年来我国对体育文化事业的重视程度也在不断加大，无论是城市抑或乡村，都正在广泛开展各种各样的体育文化活动。人们生活水平的提高和社会文明的进步促使人们的生活理念逐渐发生转变，全民健身意识逐渐提高，健身活动形式日趋丰富，整体呈现出蓬勃、积极、乐享的发展态势。体育文化使人们的生活充满了阳光，充满了活力，各种丰富多彩的体育活动成为人们休闲、娱乐、放松的重要内容。

2021 年，国务院印发了《全民健身计划（2021—2025 年）》（以下简称《全民健身计划》），就今后一个时期深化体育改革、促进全民健身更高水平发展、加快体育强国建设等方面进行了部署。从《全民健身计划》中可以看出，实施全民健身计划是我国重要发展战略之一，能够普遍提升国人的身体素质，提高国人的身体健康水平，满足人们日益增长的健康需要与体育文化需求。

在全民健身战略背景下，建设和传播体育文化成为重要任务。这就要求我国从多个领域入手，全面普及和加强体育文化建设，如校园体育文化建设、企业体育文化建设、社区体育文化建设等，通过全面传播体育文化，进一步提高体育文化的影响力，进而促进体育文化事业的蓬勃发展，助力国民体质健康水平的整体提升。

本书总体架构由范旭东设计，内容由范旭东、杜猛共同撰写。其中杜猛负责撰写第一章到第四章内容，约十万字符；范旭东负责撰写第五章到第八章内容，约十一万字符。

本书属于体育方面的著作，由全民健身概述、全民健身服务体系研究、体育健身与人体和社会发展、体育文化概述、休闲体育文化建设、校园体育文化建设与传播、社区体育文化建设与传播、企业体育文化建设与传播等部分组成。全书以全民健身为基础，对体育文化的内涵、服务体系，以及建设和发展体育文化的具体路径与策略做了较为详细的阐释，以期抛砖引玉，为体育健康促进与体育文化建设等领域的学习者、研究者与从业人员提供有益的借鉴与参考，共享全民健身与体育文化建设领域的研究成果。

范旭东

2022 年 9 月

目　录

第一章　全民健身概述

第一节　全民健身的概念与内涵

一、全民健身的概念

（一）健身的概念

当下我国社会经济发展迅速，物质生活水平逐渐提高，健康的生活方式成为越来越多的人关注的方向，健康成为大部分人的第一需求。很多人认为，经常进行体育锻炼就是健身，其实这一认识不够全面，远远没有领悟健身的真正含义。19 世纪末，"健身"一词出现，在当时的时代背景下，"健身"一词将除医疗手段之外的所有以人体健康为目的的方法和手段都包含其中。在种类繁多的健身方式中，以体育运动的方法进行健身的方式被称为"体育健身"，也被称为"运动健身"。

20 世纪 90 年代之后，我国从国外引入了大量与健身相关的文献和资料，从此人们对"健身"一词的理解更加深入。例如，林建棣和陈南生在《青少年体育健身指南》中指出，健身能促使人的身体健全和体质增强。我国著名体育学家林笑峰认为，人类的身体不能任其自然发展，要对其加以建设，这是人类生长与发展的客观需要。健身是对人的身体进行建设或使之健全的有效手段，通过这一手段可以使人的体质不断增强。健身时，人们不仅要对四肢进行锻炼，而且要对头脑加以锻炼，因为头脑是人身体的重要组成部分，头脑不健康，身体就难以实现整体的健全。毕春佑在其主编的《健身教育教程》中指出，建设和健全人的身体就是健身，也就是增强人的体质，这和前面的观点是一致的。朱金官在《健身健美手册》中表示，健身主要通过对一定身体锻炼方式的运用来达到促进体质强健的目的。

由于观点不同，学者对于健身所具有的含义的理解各有偏重。根据上述总结的几个不同观点，健身不仅仅局限于一种促进健康、提升生活质量的体育项目，还可以拥有更明确的概念：健身是指运用各种体育手段，结合自然力量和卫生措施，以发展身体、增进健康、增强体质和愉悦身心为目的的身体活动过程。健身包括一系列的行为过程，有智力行为、机体行为，也有社会行为，这些行为的实施都是为了改善身体健康状况，而不仅仅只是从疾病的状态中脱离出来，可见健康是健身的主要目的。

对健康的全新认知，并不仅仅局限在身心发展阶段，其内在还包含着对人心智的全面发展和对个体与社会协调统一的愿望。人们往往将健康看作没有疾病，认为通过日常的锻炼和合理的饮食就可以保持健康，其实这并没有真正了解健康的含义。20 世纪中叶世界卫生组织成立后，就在《世界卫生组织宪章》中明确记录了健康的定义。它不是仅仅代表着没有疾病、没有病弱，而是体现在更深层次，是在生理、心理、道德以及社会适应性上的一种完美状态。身体健康是首要目标，还包括精神和社会层面的良好状态。人体健康的具体标准包括以下 10 条：①精力充沛；②处事乐观；③睡眠良好；④适应能力强；⑤能抵抗一般性疾病；⑥保持标准体重；⑦眼睛明亮；⑧牙齿完整；⑨头发有光泽；⑩肌肉、皮肤弹性好。

综合分析，健身不仅可以对应古汉语中的养生，还有“发展身体”“完善人体”“增强体质”等功能，人类追求的健康其实不仅体现为强身健体，更多的是将身体变得健全完善，所以“发展身体”“完善人体”“增强体质”等词语都可以用“健身”一词来标记。这些词语的内涵在健身中都能够体现出来，可见健身是一个具有综合含义的词语，既有强身健体的意思，又有健全身心的含义。

（二）全民健身的概念

第一，全民健身是以全国人民为实施对象，以青少年和儿童为重点对象的健身活动。社会主义制度要求，体育是广大人民群众的体育，它最根本、最集中地体现在一切为了人民的体质与健康，最大限度地满足人民对体育的需求，通过全民健身，全面提高国民的体质健康水平，使国人走出

“食物进补、药物保健”的误区，提高大众对体育锻炼意义的认识，使国人形成科学的体育健身观，充分满足人民群众对美好生活的需要。第二，全民健身是一个终身体育意识的培养过程。全民健身在原来广泛开展的群众体育工作基础上，从我国社会主义市场经济发展的实际出发，使人民群众在科学健身中享受到实际健身效果，养成科学的健身习惯，从而培养自身的终身体育意识。第三，全民健身是一种健康文明的生活方式。全民健身内容和形式的多样性赋予其更加丰富的价值，使全民健身在生活中具有了更多的可能，全民健身扩展了生活，生活融入了全民健身，当全民健身渗透于人们的生活本身，就上升为一种健康文明的生活方式。

二、全民健身的内涵

（一）全民健身的逻辑起点与主体诉求

1. 关注生命是全民健身的逻辑起点

全民健身以人的生活为基础，以人的生命为核心内涵，以追求生命为目标，使人们树立全新体育观念，从而提升人的生命质量，让人与人、人与社会、人与自然和谐发展。随着当今生活水平与生活品质的不断提升，全民健身对改善人的生存状况、维护人的尊严、促进人的全面发展起到良好的促进作用。

一方面，全民健身是积极性的生理释放。根据史料记载，生命发展的需要是原始体育起源的核心，也是人们对自然生命力的旺盛与持久的一种追求。从生命哲学的角度看，体育属于一种生理释放，不是生理功能的单纯累积，而是一种积极的、向上的生命呈现形式。那种不以运动员的人文关怀为核心，而是单纯注重发展运动员生物机能的体育，塑造出的只能是“体育巨人”。竞技体育多利用先进的科学技术对人体生命自身的自然结构加以干预，以促进其功能的优化、提高，但在一定程度上忽视了对个体生命的了解、关注、关怀与呵护。体育锻炼是人对生活乐趣、自由、幸福、热情、健康的追求和体验，它所培养的正是积极的进取精神、高尚的道德品质以及时代的精神气质。作为一种直观感性活动，全民健身丰富的、富于变化的体育特性给人们提供了一种体验生命的方式，不断变化的运动体验使生命主体和对象融为一体。这种体验与融合都是人在拥有“和谐”生命的前提下实现的。人的运动水平的提高反映了人的生命健康水平的提升，不仅是现实生活中人不断谋求生存的结果，而且是其生存的基本前提和主要内容。因此，从生命哲学角度看，全民健身珍视人生命存在的需要，遵循生命的特质，“为了人的生命”，以求得人自身的发展。

另一方面，人在全民健身活动中追求自我的价值目标。当今社会，全民健身作为一种具有特殊生命意义的中介工具，能够提高人的生命质量，并促使人们不断追求更高的生命质量。从哲学的角度看，全民健身给人一种全新的内心感受：人，特别是现代生存环境下的人，能够通过参与全民健身活动，将自己的生存意志对象化到全民健身比赛的创造之中，使全民健身作为主体在总体上扬弃并不断超越“旧自我”，在“自由自觉”的创造性体育活动中形成真正属于自己的价值活动，使自己真正成为追求永恒超越和不竭创造的勇者，从而提高自身生命的质量。这也是人的生命不断延续发展的永恒动力。全民健身是功在当代、利在千秋的大事业、大计划，与每个中华儿女的切身利益息息相关；全民健身以自然人为起点，不断地创造新的运动方式；全民健身作为人的活动，理所应当地应该注意个人生命质量的提升。只有这样，全民健身才是永恒与持久的存在关系，才称得上是一种呵护人性的和谐关系，才可能使自我的价值目标与价值理想真正实现。

2. 公民健身意识培养是全民健身的主体诉求

全民健身关系到全体公民的身体健康和生活幸福，是综合国力提升和社会文明进步的重要标志，是社会主义精神文明建设的重要内容，是全面建成小康社会的重要组成。《全民健身计划》以全国人民为实施对象，以青少年和儿童为重点，因而人民健身意识培养理应成为全民健身的主体诉求。

一方面，全民健身活动以全体公民为主体。《全民健身计划》的实施对象是全体公民，尤其以青少年为主。《全民健身条例》总则第四条表明：“公民有依法参加全民健身活动的权利。地方各级人民政府应当依法保障公民参加全民健身活动的权利。”少年强则国强，国家的强盛和民族的振兴与青少年的健康成长有着直接的联系。因此，调动起家庭、学校、政府等社会各个方面的积极性，共同关注青少年的健康成长十分必要。近年来，虽然我国学生的体质健康状况总体上是逐年改善的，但从我国现代化建设的需求来看，他们的体质在不少方面还有待提高。所有学校必须坚决贯彻落实党的教育方针，努力为学校体育工作的良好开展创设条件。学校的任务是培养学生自主参与体育的意识，使他们学到应有的运动技能并养成良好的体育习惯，一切以终身体育为出发点，继续开展升学体育的试点工作，并不断完善，重视特殊学校的体育开展情况，努力为特殊人群创造更好的条件，力求解决诸如师资、场地设施、经费等方面的问题。

另一方面，加强公民参与全民健身活动的权利和义务意识。作为一种社会意识的存在形式，公民意识主要表现为民众对其作为公民在国家政治、国民经济以及国家法律等方面的心理认同与理性认知，还体现在保护公民权利、合理分配国家资源等一系列理论思想上。全民健身正是将这一现代法治权利与义务的基本准则准确地体现于国家与广大人民群众的关系之中的有效途径。《全民健身计划》在适应社会主义市场经济改革要求、充分发挥社会力量的作用和大力调动广大群众积极性的同时，对各级人民政府及其行政部门明确提出了加强领导、统筹规划的实施要求和各种行政措施，进一步强化了发展全民健身事业的国家职能，使人民群众能够基于受到的权利尊重而释放出更大的创造能量，并为人民群众实现自己的切身利益提供有力的权利保障。开展全民健身活动，就是要让公民懂得如何正确行使权利来维护自身利益，同时不能漠视他人权利的存在。如今社会压力增大，人们生活的节奏明显加快，人与人之间、邻里之间的关系越发疏远，人们更加关心自身的利益是否被侵犯。在参与全民健身活动时，每个人要站在他人立场换位思考，尊重其他公民在公共空间进行锻炼的权利。因此，政府必须加强公民权利与义务的教育，使每个人都意识到有责任维护社会的稳定和谐，促使社会更好更快地向前发展。

（二）全民健身的内在动力与催化剂

1. 自主建构是全民健身的内在动力

自主建构是个体积极主动地发现问题并建构知识的过程，其不是被动地接受外在信息，而是主动地根据先前的认知结构有选择性地感知外在信息，建构当前事物的意义。全民健身的发展单靠国家政策的倡导是不够的，只有调动广大人民群众自主参加体育锻炼，学习体育理论知识的主动性、积极性和创造性，培养其自学能力，激发全民健身的内在动力，才能推动全民健身的深远发展。

一方面，自主建构是影响健身有效性的重要中介。全民健身的自主建构是人们对自我健身能力与影响力的自我判断与感受，是人民群众自主发展的重要内在动力机制，是激发并维持全民健身行为的发动性因素，在一定程度上影响着人们的具体健身行为系统，如对健身目标和自我健身行为的选择与反应，同时会影响个体对他人及情境的思考与情绪的反应。因此，人们的自主建构能力是引导其感知与理解自身外在健身行为的重要中介变量，直接影响着人民群众的健身积极性和努力程度，对激活和强化人们的健身行为起着重要作用。人们的自主建构能力对其健身行为和健身效果的作用如下：个体的健身行为表现受其对行为的知识建构和主观评估所形成的自主建构的影响；人们通常会对自身能力和活动的困难程度加以评估，并且能自主进行知识建构；加上对情境的具体理解与判断，如果评估具有较高的可能性，且个体有一定的自主建构能力，人们的健身动机、目标设定、努力程度、健身情绪等就会受到积极影响，人们会表现出积极的行为，增强其健身效果。

另一方面，自主建构能推动全民健身的可持续发展。人是在问题解决过程中成长和生活的，遇到问题，解决问题，然后收获成长。学习是如此，生活也是如此。全民健身从问题开始，人们在解决健身问题的过程中可以学习知识，培养能力，获得方法，体验成功，形成态度，提高心智水平。因此，问题解决应该是全民健身所追求的核心价值取向。在这样的思想主导下，利用“问题解决、自主建构”的全民健身模式，从“要我健身”

上升到“我要健身”的思想高度，可以使全民健身的思想理念在我国得到切实的落实。这种自主建构的过程一方面是适应实践的需要，另一方面是为了感悟生命的本质，维护自身的尊严和更好地实现自身价值，从而获得社会和他人对自我的尊重。在全民健身运动中坚持自主原则，能更好地提升人们的体育技能，增强人们对全民健身项目的选择和建构能力，从而推动全民健身的可持续发展。

2. 健身素养是全民健身的催化剂

素养通常指素质、修养，健身素养在这里指与体育健身意识、知识、技能有关的心理特质以及理解、运用能力。人们只有在具备良好的科学健身素养的情况下，才能科学地进行健身，制订科学的锻炼计划，积极地参与健身，促进身心健康发展，进而推动全民健身事业的深远发展。

一方面，科学健身素养有助于培养人们的终身体育意识。随着社会的发展，健康越来越受到人们的重视，越来越多的人参与体育健身活动，体育健身已经成为人们生活的一部分。这有助于人们的终身体育行为的养成。终身体育行为是指广大人民群众终身参与体育锻炼，接受体育教育，增进健康，养成良好的生活习惯，使自身得到更好的发展。终身体育行为的养成有利于促进《全民健身计划》的实施，增强国民体质。科学健身素养的发展，不仅要求人们掌握体育的基本知识，还要求人们树立正确的健康观，认识健身的价值，从而提高参与体育健身的兴趣和意识，为培养终身体育行为奠定基础。我国实施全民健身计划以来，城乡居民体育健身意识明显增强，参加体育锻炼的人数逐年增加，人民群众的身体素质和健康水平不断提高，参加体育健身活动已经成为很多人不可或缺的重要生活方式。具备科学健身素养不仅有利于引导人们形成健康的体育生活方式，还有利于培养人们的人文素养，提高人们的生活质量。科学健身素养是健康素养的重要组成部分，是人自身素养的一部分，对培养人的终身体育意识和形成健康的生活方式具有重要意义。

另一方面，提高健身素养是发展全民健身的最佳途径。大众在逐渐掌握体育基本理论知识的基础上，还应具备自主锻炼意识。只有具备一定的健身素养，人们才能更好地进行体育锻炼，从而促进全民健身事业的蓬勃发展。

第二节　全民健身的背景、内容、特征与分类

一、全民健身的背景

（一）促进我国全民健身运动蓬勃发展的迫切性

1. 我国人口老龄化问题

国际惯例通常认为，一个国家或地区 60 岁以上的老龄人口总数达到全国人口总数的 10% 以上（含 10%），或 65 岁以上的老龄人口总数达到全国人口总数的 7% 以上（含 7%），即意味着该国家或地区进入老龄化社会。我国由于人口政策，20 世纪 50—60 年代出生的人口剧增，目前我国已进入老龄化社会。

据统计，我国年龄在 60 岁以上的老人，有 75% 都患有慢性疾病，因此衰老后如何保持健康就成了最主要的研究课题。除此以外，老年人也因内心孤独和抑郁而备受折磨，如何为老年人排解寂寞，充实晚年生活，亦成为必须直面的问题。参加全民健身活动，能有效满足老年人的沟通欲望，使其找到可以增进健康的体育健身活动，有效搭建展示自身爱好和兴趣的平台。

2. 社会闲暇时间不断增多

我国实行每周 5 天工作制，除企事业单位外，学校也遵循这一制度推行了 5 天授课制。此外，自 20 世纪 90 年代末起，在劳动节、国庆节、春节等重大节日期间实行与双休日连休的办法，延长了节日的假期时间，形成了假期较为集中的“假日黄金周”。这一制度的实行大大增加了人们的社会闲暇时间，而社会闲暇时间作为全民健身的基本条件之一，其增加也

为人们更好地参与全民健身活动带来了更多机会。

闲暇人口主要包括以下几类。

（1）各级行政机关、事业单位压缩减员和一些中小企业的离职员工。

（2）政府机关和企事业单位的退休人口。我国现在实行的是男年满 60 周岁，女年满 55 周岁（工人 50 周岁）退休制度。2000 年我国 60 岁以上的闲暇人口突破了 1 亿，2010 年达到 1.6 亿，预计 2040 年将高达 3.5 亿。

（3）非正常社会闲暇人口。

（二）全民健身所面对的主要形势

第一，我国体育事业自中华人民共和国成立以来取得了诸多成就，广泛开展了蓬勃的群众性体育活动，越来越多的人开始参与到体育活动中，人民体质得以提升，健康状态有所改善，社会也越来越支持和重视全民健身工作，为体育健身提供了更多的物质条件，群众性体育活动也拥有了更加丰富的形式和内容。可见，体育让人民的整体素质得以提升，促进了社会主义物质文明和精神文明的建设。

第二，发展群众体育，实施全民健身计划。

第三，中国目前的社会发展与经济建设需要人民整体体质达到更高的水平，然而如今全民健身工作的现状对人民整体体质的提升有限，无法满足社会主义现代化建设的需求。大部分群众没有明确的体育健身意识，许多群众性体育活动开展范围较小，只有少部分群众会经常参与体育锻炼，同时向社会开放的体育场地和设施距满足群众开展体育健身锻炼的需求有较大的差距，无法科学管理和监测全民健身工作，相关的法规制度尚待完善，亟须探索满足社会主义市场经济体制的全民健身管理体制以及运行机制。

第四，全民健身计划的实施对象是全国人民，并且重点关注对象是青少年和儿童。这个重点群体是国家未来发展的主力军，其体质和健康状态应得到全社会的关注。

第五，积极开展针对知识分子的体育健身活动，定期检查和测定中高级知识分子的健康和体质，推广符合其工作特点的健身方式。

第六，在社会和国民经济发展的总体规划中增加全民健身计划，重点增强人民体质，协调发展竞技体育和群众体育，统筹规划，加强领导，争取取得良好成效。

第七，建立健全体育健身行业组织，将社会群体和群众组织在组织群众性体育活动中的重要性充分发挥出来，形成一个社会化的全民健身组织网络。

第八，制定严格的技术等级制度，加强社会体育骨干队伍建设。

第九，针对群众不同的性别、年龄、体质情况以及职业特点，推广简单易行且能满足相关人员需求的体育健身方式。挖掘中国传统的体育、医疗、康复和保健等宝贵遗产，继承和弘扬民间、民族传统体育。

第十，鼓励研究和开发增强人民体质的相关技术和科学，充分发挥体育科技队伍的作用。体育院校和科研单位要重点研究全民健身和群众体育的相关科学技术，加大投入，让科技成果尽快转化成群众体育健身实践。

第十一，将体育场地设施建设纳入城乡建设规划，落实国家关于城市公共体育设施用地定额和学校体育场地设施的规定。任何单位和个人不得侵占体育场地设施，各种国有体育场地设施都要向社会开放，加强管理，提高使用效率，为老年人、儿童和残疾人参加体育健身活动提供便利条件。

（三）国家对全民健身的重视

2014 年，国务院印发的《关于加快发展体育产业促进体育消费的若干意见》（以下简称《意见》）要求，营造重视体育、支持体育、参与体育的社会氛围，将全民健身上升为国家战略。

《意见》要求，各级政府要在统筹规划体育设施建设的同时兼顾城镇化发展所带来的重大变革。为此，各级政府应在这一条件的基础上合理布点布局，重点建设一批便民利民的中小型体育场馆、公众健身活动中心、户外多功能球场、健身步道等场地设施；高效利用现有资源，最大限度地提高资源的使用效率，如改造旧厂房、仓库、老旧商业设施等用于体育健身；在城市社区建设 15 分钟健身圈，在新建社区设置体育活动设施；关注农民体育，实现乡村公共体育健身设施100%全覆盖。

《意见》在发展健身休闲项目方面有如下要求：大力支持发展健身跑、健步走、户外骑行等常规项目以及航空、水上运动、登山攀岩等趣味刺激项目。鼓励地方因地制宜地利用、开发自然、人文等资源，将之用于体育产业的发展，特别要注重扶持少数民族地区的传统体育项目发展。

《意见》中还鼓励支持民众的日常健身活动，如鼓励政府机关、企事业单位、学校等实行工间、课间健身制度；切实保障中小学体育课课时，确保学生校内每天体育活动时间不少于1小时；积极推动公共体育设施免费或低收费开放，特别是学校，要在不影响正常教学的情况下将体育场馆向公众开放，并将开放情况定期向社会公开，以便群众监督。

2021年，国务院印发了《全民健身计划（2021—2025年）》，该文件的指导思想是"坚持以人民为中心，坚持新发展理念，深入实施健康中国战略和全民健身国家战略，加快体育强国建设，构建更高水平的全民健身公共服务体系，充分发挥全民健身在提高人民健康水平、促进人的全面发展、推动经济社会发展、展示国家文化软实力等方面的综合价值与多元功能"。

此文件列出了全民健身计划的主要任务，即加大全民健身场地设施供给、广泛开展全民健身赛事活动、提升科学健身指导服务水平、激发体育社会组织活力、促进重点人群健身活动开展、推动体育产业高质量发展、推进全民健身融合发展以及营造全民健身社会氛围。

另外，此文件还给出了相应的保障措施。首先，加强党对全民健身工作的全面领导，发挥各级人民政府全民健身工作联席会议作用，推动完善政府主导、社会协同、公众参与、法治保障的全民健身工作机制。其次，创新全民健身人才培养模式，发挥互联网等科技手段在人才培训中的作用。加强健身指导、组织管理、科技研发、宣传推广、志愿服务等方面的人才培养供给。再次，对各类健身设施的安全运行加强监管，鼓励在公共体育场馆配置急救设备，确保各类公共体育设施开放服务达到防疫、应急、疏散、产品质量和消防安全标准。最后，推动线上和智能体育赛事活动开展，支持开展智能健身、云赛事、虚拟运动等新兴运动。

二、全民健身的内容

（一）普通健身人群活动内容

目前，我国体育人口健身活动中排名前十的项目分别为跳绳、舞蹈、登山、长走与跑步、游泳、羽毛球、体操、乒乓球、足（篮、排）球、台球与保龄球。过去热门的气功、地掷球、太极拳、门球和武术的参与人数相对减少，许多人对球类和舞蹈这种具有较强竞技性和娱乐性的项目产生兴趣，并且更多的人开始热衷于通过爬山锻炼身体。

（二）商业健身人群活动内容

1. 商业健身概述

商业健身也就是商业健身服务业，该行业主要为客户（健身者）提供优良的服务以及优质的体育健身产品，以满足客户的健身需求。

商业健身是体育产业中十分重要的组成部分，许多大城市的商业健身都在飞快发展。事实上，商业健身也是大众体育的重要组成部分，具有重要的地位和作用。一些人会将商业健身看作专门服务富有的人的行业，这是一种错误的看法。事实上，商业健身依旧是大众体育的一部分。

2. 商业健身的特点

（1）无论是商业健身服务业的客户还是从业者，都有一个相同的追求目标，那就是增强自己的体质，保证身体健康。

（2）从商业健身服务业具有的目的性可以看出，商业健身可以归于大众体育健身的范畴，具有重要的地位。

（3）商业健身需要资金消费，因此其大部分客户的经济水平都较高。由于社会经济的发展，人民生活水平逐渐提高，越来越多的人拥有了更多可以自主支配的资金，因此可以说，其客户群体正在不断壮大。

（4）商业健身俱乐部具有比较完善的健身设施和优越的健身环境。

（5）许多客户都可以在健身过程中咨询健身教练，并获得科学而专业的健身指导，因此其健身效果会比盲目锻炼更好。

（6）健身者会在整个健身过程中投入较多的资金，这是为自己体质增强、身体健康投入的成本。

（7）商业健身中企业的根本目的是盈利。

3. 商业健身服务业的意义

（1）商业健身俱乐部一般都有优越的健身环境和完善的健身设施，可以满足客户的个性化需求，如娱乐、健身、减肥和塑形等。

（2）商业健身可以满足某些特定社会阶层的健身需求，这是市场细分必然产生的结果。

（3）商业健身属于大众体育的一部分，有利于推动体育产业的整体发展。

（4）商业健身可以弥补公益性大众健身的一些缺点和不足，并且在某些方面可以解决公益性大众健身资源较为有限的难题。

（5）商业健身具有商业属性，可以为更多人提供就业机会，提高社会的就业率。

4. 商业健身活动的内容

目前，商业健身活动内容中客户参与最多的是操类项目，包括健美操、搏击操等。除此之外，游泳、普拉提、动感单车、瑜伽、剑道、跆拳道等也是客户乐于选择的健身活动。一些档次较高的商业健身俱乐部中还会出现高尔夫球和网球等项目。

以上罗列的各种健身项目都可以提升人的体质，促进人的身体健康，其中不同的项目会有不同的侧重点，如瑜伽注重提升人的柔韧性，健美操可以提升人的有氧耐力，跆拳道等重视发展人的力量。

（三）全民健身中的竞赛活动

竞赛是体育运动的基本特点之一，也是人们参与体育活动的一个基本手段。全民健身活动的发展离不开竞赛发挥的杠杆作用。

目前，“全国体育大会”“全国少数民族传统体育运动会”等是我国具有全民健身性质的主要大型综合赛事。全国门球比赛、全民健身路径比赛、全国舞龙及舞狮比赛等具有全民健身性质的大型单项竞赛活动也有很多。以年龄来划分，全民健身中的竞赛活动有老年人的竞赛活动、青少年的竞赛活动等。

需要注意的是，全民健身中竞赛活动的举办目的和手段与竞技体育竞赛是不同的。组织与举办大众体育竞赛活动时，不可以简单套用竞技体育竞赛的方法。全民健身竞赛比的是身体更健康、体育素养更高，而不是“更快、更高、更强”。因此，有关部门要引起重视，采取合理的措施，正确举办大众体育赛事，明确赛事的目的、任务、内容及价值所在。

三、全民健身的特征

（一）人本性

体育和人的生命是息息相关的，因此“人本性”的指导思想是开展全民健身的关键所在。体育活动的目的是创造生命的价值，提升生命的质量，并且以促进人的全面发展作为根本目的和存在价值。因此，当前主要的体育改革方向就是提升人的主体意识，让人变成切实的真正主体。“以人为本”的主题贯穿《全民健身计划纲要》每个部分，坚持尊重人以及尊重人的生命就是最高的价值，提倡人们珍爱生命、关注生命、提升生命和发展生命。这一理念的贯彻要求实现主体的全民性，最终促进人的全面发展，使体育更具生命活力。在这里，人的物质经济需要、政治参与需要、文化精神需要、健康需要等都得到了全面反映，这是一种面向人的一切合理需要和人民美好生活的真正的人文关怀。

（二）全面性

全民健身在体育功能上反映“全面性”。体育功能的“全面性”强调全民健身体育工作要和整个社会经济、文化等各个方面发展协调一致，包括竞技体育和群众体育的协调发展、人的全面发展、人与社会和谐统一的发展等。群众体育能为竞技体育的发展提供良好的社会人文环境，竞技体育是群众体育发展的关键。可以说，两者的关系是相互依靠、相互渗透的。把竞技体育与群众体育有机结合，把为国争光的竞技体育转变为休闲体育，以健身娱乐的形式融入人们的生活已成为人们的共识。

（三）服务性

全民健身在开展方式上体现“服务性”。全民健身的公共服务设施是健身锻炼的载体，包括用于全民健身活动的建筑物、场地和固定的器材设施等，它是全民健身计划的重要构成部分，是根据人们身心发展的特殊需要和社会走向健康文明的需要而设计建设的，往往反映出一种生活方式和价值取向，体现着人们对生活质量和生命质量的态度及期望。这些态度和期望反映在人们的日常生活中，渗透于健身活动中，形成了具有代表性的健身资源，集中体现了社会成员的体育生活。公共服务是解决公共问题、维护社会经济秩序的主要手段，也是一个资源重组的过程，它的主要目标是解决每一个独立的自由市场主体因自身的市场手段限制而不能解决的若干问题。完善全民健身的公共服务体系，不仅能供给大众良好的锻炼条件，更是群众体育发展的基本要求。因此，体育公共服务体系建设的推进对落实全民健身计划具有重要作用。

（四）社会性

全民健身在组织形式上体现“社会性”。全民健身把公共参与作为主要目标，关注社会体育组织的培育、社会体育组织网络体系的建设以及体育社会组织的企业化取向，关注社会发展与公民体育参与，关注城市社区体育“自治”。建立由企业、政府与社会组织等共同参与生产，并一起供应产品的体育公共服务体系，注重培育与发展非营利性体育组织和体育社会团体，关心体育社会团体的运行机制、社会责任、主体地位等，这些举措可以极大地调动社会各个方面的积极性，促进社会调节与政府管理权力之间的互动、社会自治功能与政府行政能力的互补，进而有效整合社会资源。

四、全民健身的分类方式

全民健身具有多种多样的形式和内容，为了方便群众选择运动形式以及更加方便地管理全民健身运动，对全民健身活动进行分类十分必要。根据不同人群的多样化需求，从不同的出发点对全民健身进行分类，主要有以下九种分类方式，以供参考。

（一）按照内容分类

根据运动内容进行分类是最基本的分类方式。常见的如球类运动、田径运动、操类运动、武术运动、水上运动以及体育游戏等。这种分类方式的优点在于可以直接了解运动项目的运动特征。

（二）按照性别分类

按照性别分类，顾名思义就是根据参与运动的人的性别进行分类。这种分类方式有利于对某项运动的参与人群的性别进行指向，如健美操、普拉提、秧歌等项目适合女性，而大球类、搏击类项目适合男性。不过这只是一种运动的性别指向而已，并不是说明某项运动只限男性或女性参与，即便上述提到的适合女性的健美操、普拉提等，男性也是可以参与的，并且同样能获得良好的健身效果。

（三）按照目标分类

大众健身者参与运动的目标大多不止一个，而有众多的目标自然就存在“轻重缓急”。为此，按照运动目标优先级进行分类也是一种分类的方法。例如，如果休闲目标是高优先级的，锻炼目标其次，那么锻炼者可以选择体育休闲类项目，如滑雪、滑冰、攀岩等，相反则会优先选择竞技性体育类项目，如乒乓球、羽毛球、网球等。

（四）按照活动组织规模分类

不同运动项目有不同的规模和组织方式，根据这些不同就可以给运动项目进行分类。一些集体性项目的组织工作较为复杂，涉及的环节很多，如球类（足球、篮球、排球）、操类、田径类运动等。这种分类方式可以让人们更清楚地了解自己更适合哪种方式的体育运动。目前比较流行的全民健身运动很多都是以家庭为单位开展的，如亲子运动等。这些项目一般为体育游戏类，需要两三个人互动来完成。

（五）按照体育消费分类

全民健身活动尽管是大众化的体育运动，但对于一些对场地和设施要求较高的运动项目，健身者仍需要支付一定的费用才能享受服务。因此，这也成为一种对全民健身运动进行分类的方法。例如，当前流行的跆拳道、搏击操等就是在商业健身房开展的有偿服务的项目；健步走等则属于低消费健身类项目。但是，体育健身价值的趋同性决定了不论健身者花钱与否都能获得理想的健身效果，其区别仅仅是健身体验的舒适性高低，如在健身俱乐部中健身后有更衣室和浴室使用，但跳广场舞的群众就没有这种条件。通过这种分类方法，人们可以看清楚健身活动的商业开发价值。

（六）按照运动项目的运动强度分类

参与全民健身的人包括体质好的青年以及体质较弱的小孩、中老年人等，不同的人群能接受的运动强度有所不同，而每种运动项目都有不同的强度，因此可以根据这个标准对项目进行分类。比如，一些身体素质好的青少年和中青年群体适合参与足球、短跑、篮球等运动强度大的项目，而健步走和太极拳等项目运动强度较低，符合中老年人的需求。不同的运动项目有不同的运动强度，可以给适当人群带来可观的效果，但是倘若选择的运动项目强度不合适，则可能无法达到健身的目的，甚至由于勉强运动带来伤病，就得不偿失了。

（七）按照是否使用体育器材分类

根据是否使用体育器材分类也是一种全民健身运动分类方法。就我国的国情来说，体育资源相对匮乏，人们对于在日常生活之中参与运动以获得健康身心的理念尽管有了较高的认同度，但是对于是否为健身花费一定的金钱仍旧是非常谨慎的。因此，我国的锻炼者中选择那些不使用体育器材的锻炼形式的比较多，也就是空手进行练习的人较多，如健身跑、健步走、太极拳等锻炼形式。随着我国国民经济和全民健身事业的发展，使用体育器械的锻炼活动逐渐多起来。例如，太极柔力球、羽毛球、网球、高尔夫、全民健身路径的锻炼等。从这个角度进行分类可以了解哪些运动项目更加符合大众的经济实力。

（八）按照参与人群活动地域分类

我国幅员辽阔，不同地区的人们有着不同的生活方式和锻炼习惯。按照参与人群活动地域分类是根据我国地方和少数民族体育项目多的特征对健身活动进行的分类。实际上，根据地域对全民健身进行的分类，其本质还是对地域范围内的自然环境和人文环境的一种分类。这种分类方式有利于人们了解不同地区开展体育活动的传统优势，也有利于观察与学习其他地区的健身活动特点。

（九）按照参与锻炼人群的年龄特征分类

按照参与锻炼人群的年龄特征分类与前面提到的按性别分类有着些许类似，都属于一种意识导向型的分类。

对于全民健身来说，其参与的人群非常广泛，几乎涉及社会所有群体和年龄层。就年龄段来说，不同年龄段的人由于身心发育不同，必然需要与之相适应的运动项目。人在不同的年龄段，喜爱的体育锻炼项目可能是不一样的，很少有人终身只喜爱一个项目，只从事一个项目。例如，青少年和中青年更青睐对抗激烈、节奏较快的大球类运动项目，而中老年人更喜爱运动强度可控、玩法有趣的乒乓球、门球、太极拳以及太极柔力球等运动。

第三节　全民健身的发展现状与发展趋势

一、我国全民健身的现状

（一）全民健身得到政府重视

党和国家领导人高度重视全民健身运动，因为这是与实现社会主义现代化目标相配套的一项增强国民体质的系统工程和跨世纪的发展战略规划。中央领导人多次听取有关《全民健身计划》实施工作的汇报，并做了许多重要指示。全国各省（自治区、直辖市）都成立了由政府领导挂帅，各有关部门负责人参加的全民健身工作领导机构，大部分行业体育协会也成立了组织机构，许多街道、乡镇也成立了全民健身工作领导或协调机构。各级地方党委和政府把全民健身工作作为当地社会主义精神文明建设的一项重要内容，列入了为群众办好事、办实事的工作清单，强化了政府对全民健身工作的领导职能。

（二）人们的健身意识不断增强

我国自 1995 年开始，每年都会举办“全民健身宣传周”，以保证全民健身活动的有效实施。该活动产生了十分广泛的社会影响，并且增强了群众的体育健身意识。根据相关数据统计，全国每年都有大约 3 亿人参与到该活动中。北京、上海、河北、天津、湖南等省（市）为了扩大全民健身活动的宣传效果，还举办了全省（市）规模的体育节和健身节等。这些举措不仅贯彻了“全民健身宣传周”的宗旨，还扩大了影响，吸引了更多群众的关注和参与。中国农民体育协会、农业农村部（原“农业部”）和国家体育总局协作开展了多届“亿万农民健身活动”。国家体育总局也举办了多届全国性的体育大会，并取得了圆满成功。这些都促进了全民健身活动工作的广泛开展。

全民健身活动，既有形成制度的大型群体竞赛，也有社区、居（村）委会、家庭等组织开展的小型、经常性群体活动，形式多种多样，内容丰富多彩，群众参与广泛。不少地区还将体育健身与生产、生活结合起来，既有效地激发了广大群众参与体育活动的兴趣和积极性，又有利于占领文化体育阵地，促进精神文明和物质文明建设，深受群众欢迎。

（三）群众体育工作队伍不断壮大

全民健身活动的开展，尤其是《全民健身计划》的系统实施，促进了群众体育工作队伍的建设，省级体育行政部门中群众体育干部的数量占干部总人数的比例逐渐增加，在省、市、县体育事业单位中，从事群众体育工作的人员也在增加，省级体育总（协）会中的专职人员与兼职人员不断增加。此外，乡镇、街道专职体育工作人员都有较大幅度增加。

社会体育指导员队伍已是开展社会体育活动的一支重要力量。我国初步形成了以体育行政管理人员为主导，以体育社会团体人员和乡镇、街道体育干部为主线，以社会体育指导员为主体的群众体育工作队伍。

（四）全民健身的组织网络逐步完善

目前，我国的体育社会团体已经形成了中央、省级、区街道的层次结构，广泛发展到了全国的大部分城乡地区，并且全国各级体育社会团体都发展了更多的个人和团体会员，会员数量增加明显。由此可以看出，在不断深化体育体制改革中，我国的体育社会化程度有了明显的提升。

体育社会团体主要包括中华全国体育总会、全国性单项体育协会、各行业（系统）体育协会、群众自发组织的基层体育协会等。全国体育社会团体的种类逐年增加。城乡社区体育指导站和活动点是群众体育健身活动的基本阵地。据调查统计，全国城市和乡镇的体育指导站都在不断增加，在指导站参加活动的人数也在不断增多，我国社会体育已初步形成一个以体育社会团体为线，以基层体育指导站、活动站为点的点线结合、覆盖面广的社会化群众体育组织网络。

（五）全民健身的场地和经费不断增多

国家为了满足群众对健身场所的更高需求，在全国范围内新建了各种体育场馆，同时为了让现有的体育馆等体育设施在服务全民健身中充分发挥功效，向社会开放了大部分的公共体育馆。

国家鼓励从体育彩票公益金中提取一部分用于发展群众体育事业，其中相当大一部分用于购置器材与设施建设“全民健身工程”；还通过创建体育先进县活动，调动各级政府和社会投入建立“两场一房一池”以及社会、集体和个人兴建体育场馆、设施的积极性。这些建在群众身边的体育设施，既方便了群众参加体育健身活动，又有效缓解了体育健身场地、设施不足的问题。群众说这是“政府为老百姓办的好事、实事”，称之为“民心工程”。

另外，国家在这几年加大力度开展全民健身活动，并实施了多个效果良好的政策，如体育彩票的发行，在全民健身计划中投入超过半数的体育彩票公益金，保证各级群体在开展体育活动时有充足的经费。

（六）全民健身的激励机制更趋完善

为了调动基层开展群众体育工作的积极性，推动全民健身工作的全面开展，从中央到基层均运用激励机制并逐步制定制度，形成了一套表彰体系。国家体育总局（原“国家体育运动委员会”）命名了全国体育先进县和全国城市体育先进社区，表彰了全民健身宣传周优秀省、优秀单位；与教育部（原“国家教育委员会”）联合表彰了推行《全面健身计划纲要》的先进单位、先进工作者，表彰了全国群众体育先进省、市，全国群众体育进步省、区，全国群众体育先进单位、先进个人；与农业农村部（原“农业部”）、中国农民体育协会联合表彰了“亿万农民健身活动”先进乡镇；与国家民族事务委员会联合表彰了民族体育模范集体、模范个人等。

（七）以青少年为重点的学校体育得到加强

国家体育总局积极配合教育部改革学校体育，修订《国家体育锻炼标准》，将实施《国家体育锻炼标准》工作作为学校体育考试的一项内容；

会同教育部共同制定了《少年儿童体育学校管理办法》《体育传统项目学校管理办法》等法规文件，进一步加强对青少年的素质教育。全国施行《国家体育锻炼标准》的学校不断增加，达到及格标准的学生比例也有提高。学校在贯彻落实《学校体育工作条例》，并努力办好示范校的同时，增加了体育传统项目数量，使参加课余训练活动的学生不断增加。各级体育行政部门用体育彩票公益金资助现有体育场馆改建，增建青少年体育俱乐部。

（八）全民健身活动带动了体育产业的发展

群众的消费范围逐渐扩展到了体育方面，这得益于全民健身活动的广泛开展。一批批和体育相关的产业也乘着近几年健身热潮的东风而飞速发展。事实上，每当出现一个新的体育项目，相关产业就会随之发展起来。在城市地区遍地开花的健身行业就是顺应健身潮流而发展起来的，还有近年来火热的轮滑运动，也让滑板和轮滑鞋行业的产量有所增加。一些公共体育馆这些年的营业额也在逐渐增加，达到了几十亿元。体育环境甚至对房地产行业产生了影响，建在体育设施和场所附近的房屋价格较高，房屋的升值潜力较大。

二、全民健身发展的不平衡问题

全民健身活动发展不平衡是突出问题之一。东西部地区、城市与农村在开展全民健身活动上出现的差异有社会发展的必然性。但是这种差距如果不能逐步缩小，而是渐进加大，就不利于最大限度地动员和引导广大人民群众参与体育锻炼，普遍增强国民体质；不利于全民生活质量、国民素质的整体提高；不利于最大限度地满足国民对体育的需要；不利于维护和保障人人享有的参与体育的权利；不利于全民健身活动的整体推进。只有协调发展的全民健身活动，才能真正实现体育与国民经济和社会事业的协调发展，才能全面提高中华民族的整体体质与健康水平。全民健身活动的协调发展，既是指其推进程度在区域上要总体相当，又是指其发展水平要与当地的经济和社会事业发展同步。

（一）全民健身发展的区域差异

我国幅员辽阔，区域划分种类较多。这里按照中国经济地理和国家统计局目前通行的区域划分办法，把我国分为东、中、西部三大部分。下面对这三个区域的全民健身活动开展情况进行简单阐述。

1. 参与程度差异

目前，全民健身活动的参与程度在不同区域的群众之间存在差异。东部地区体育活动占闲暇时间的比例最高，中部次之，西部最低，东部地区群众在闲暇生活中选择的主要活动为体育活动的人数比例要高于中、西部地区。

2. 价值观念差异

对体育锻炼与健康的认识和日常生活中的体育消费情况能体现人们的体育价值观念。全民健身活动的现状表明，东、西部地区群众的体育价值观念有差距。各区域间的体育消费水平存在显著差异。

与西部地区相比，东部地区群众具有更科学的健身意识，因此参与健身的程度也更高，并且舍得在健身方面消费。锻炼身体是大部分东部地区群众生活中不可或缺的重要部分，而西部地区群众尚未树立起完善的健身观念。这一点也可以从两地家庭每年在体育中的支出比例上看出来。

（二）全民健身发展的城乡差异

1. 参与程度差异

全国体育人口数量偏少的一大原因是农村地区体育人口比例较低。我国农村参加体育活动的人口比例比城镇参加体育活动的人口比例要低很多，且参加体育活动人口比例随年龄增长表现出明显下降趋势。我国城镇人口中参加体育活动者在不同年龄段的比例随年龄增长呈上升发展趋势，且老年参与比例较高。而乡村人口中体育参与者在不同年龄段的比例均明显低于城镇人口，且随年龄增长，差距不断加大，呈下降趋势。由此可以看出，在体育人口的比例、数量、活动频率、群众参与健身活动的范围等方面，城镇的情况都明显好于农村。

2. 观念态度差异

人们的健身行为基本取决于其建立起的体育活动价值观念以及对健身的态度。闲暇生活中健身活动的地位、增进健康的方式、健身消费支出等是人们体育价值观与健身态度的具体体现。

从实际情况看，城市群众和农村群众对体育活动和健康之间的关系存在不同的看法，大部分城市群众认为体育活动有利于身体健康，并且他们最热衷的业余活动也是体育健身，但是只有部分农村群众认同这一观点。城市群众在体育上的支出也明显比农村群众高。

（三）全民健身发展的职业群体差异

受年龄、性别、文化程度的影响，受地域环境、风俗习惯和经济条件的制约，我国职业群体参加体育活动的情况有着明显的职业倾向性和差异性。

1. 参与程度差异

全国群众体育调查显示，参加体育锻炼的工人人数与其他城市职业群体相比明显更高。其他参加体育锻炼人数较多的是管理人员，次之为服务人员，再次之则是教科文人员，最低的是农民群体。根据不同职业，群体体育活动参与率从大到小排序依次为工人、管理人员、服务人员、教科文人员、农民。体育人口中有职业的占一半以上。

2. 健身活动差异

大部分农民都没有固定的锻炼时间，因为他们的工作时间会受到季节变化的影响。而其他职业人群的健身时间通常会定在周末和假日，或者每周固定的几天，这主要受到了劳动工时制度的影响。大部分的管理人员、服务人员和教科文人员的工作场所是室内，工作和生活有很强的规律性，所以他们规划的体育锻炼时间并不会受到季节变化的影响。

工人、管理人员、教科文人员、服务人员大多选择在单位的体育设施、公共的活动场所、自家庭院、住宅区空地、公园、广场、街道边进行锻炼。除此之外，管理人员还会选择在收费的体育场馆进行锻炼。而农民一般都在自家庭院、住宅区空地、街道边、树林、湖边、河边进行锻炼。农民与其他四种职业群体在选择体育活动场所上存在显著差异。

我国职业群众所选择的体育锻炼项目有着鲜明的民族文化特色和时代特征，既有世界流行的体育活动内容，又有我国传统的健身养生方法。在健身项目选择方面，工人、管理人员选择的健身活动内容相对广泛，项目也较多，方法更灵活。在健身活动内容上，除共同喜欢跑步等运动项目外，工人还喜欢台球、武术、太极拳等活动，管理人员还喜欢旅游、保龄球、网球和民间舞蹈等活动，教科文人员则喜欢跳绳等活动。城市职业群众参加趣味、消遣和健美型运动项目的人数较多，农民参加具有乡土特色的娱乐型和民族传统健身项目的人数较多。老年人喜欢参加轻微强度的项目，中年人喜欢参加轻松、愉快、舒缓的运动项目，青年人喜欢参加比较激烈的竞赛性质的项目。脑力劳动者喜欢智力型、娱乐型和健美型的运动项目，体力劳动者喜欢动作柔慢而持久的耐力项目。

（四）全民健身发展的不同年龄群体差异

1. 参与动机差异

健身和娱乐是各年龄段群体都乐于参加体育活动的共同原因，但也因各年龄段群体的具体情况不同而各有侧重。例如，青年人对提高自己的运动能力非常重视；中年人对以体育为手段进行人际交流、交往极为重视，同时重视体育对调整情绪的作用；老年人则非常重视借助体育活动来抵抗疾病。另外，26 ～ 40 岁群体出于培养子女的考虑，非常重视陪子女一起进行体育活动。

对少年儿童而言，身体活动是他们本能的和基本的需要，也是他们产生体育行为的基本原因。但随着年龄的增长，他们参加体育活动的主要动机逐步上移为和他人交往，并希望被他人接受。对中青年和老年人而言，他们主要想通过体育活动进行交往，陪伴子女，与家人接触，以期达到亲和人际关系，增进了解，加强友谊的目的。实际上这种交往的需要已成为社会性需要。由此可见，人们通过体育活动来满足的需求层次，随年龄增长在不断提高。参与生机勃勃的体育活动，可使人心情愉快，缓解精神紧张、焦虑与疲劳，达到愉悦身心、陶冶情操、调节情感的目的。随着年龄的增长，生理性需要也逐步向心理性需要发展。

2. 健身活动差异

对健身项目的选择会因为年龄的不同而出现差异。和老年人相比，青年人健身项目的选择范围明显更大，且更倾向于具有娱乐性和对抗性的高负荷现代运动项目。而老年人选择的健身活动多为运动负荷较低的舞、操、拳、功等，活动项目比较集中，且大部分活动都具有节奏舒缓、动作轻柔的特点，非常符合该年龄段人群的需求。这个需求也体现在场地的选择上，中老年群体通常在小区空地和公园广场等免费的活动场地进行健身运动，而青年人更倾向于在收费的体育馆进行健身活动。

与其他年龄组比较，离退休人员参加体育活动的时间最为固定，这可能与其生活规律性较强，没有工作时间的约束等有关。25 岁以下的青年人虽然在参加体育活动者中的比例最大，但更多地表现出该年龄段群体参加体育活动的随意性，锻炼无规律者较多，"心情好时练、心情不好时不练"的比例较高。中年人可能由于工作和生活负担较重等，锻炼时间多选在周末、节假日。

综上所述，全民健身活动发展情况在东部与西部、不同职业、不同年龄以及城市与农村间既有各自的特点，又存在明显的差距。这说明全民健身活动的发展具有不平衡性。了解这些特点，有利于人们在开展全民健身活动时因地制宜，有的放矢，提高健身的针对性与实效性，也有利于人们在今后的健身中找准目标，努力进取，促进全民健身活动的协调发展。

三、我国全民健身发展的趋势

（一）全民健身成为一种普遍流行的社会现象

进入 21 世纪，社会主义现代化和市场经济飞速发展，我国的体育事业正处于难得的发展机遇期。现阶段我国的国民经济水平持续提高，人民群众的消费水平不断提升，不论是城镇还是乡村，人民群众对体育活动的需求不断增加。可见，社会经济不断发展为体育事业的发展夯实了基础，打造了有利的环境因素，并且群众日渐增加的体育需求也成了促进全民健身活动发展的有效力量。

（二）科学性、实效性和普及性成为全民健身工作的目标和重点

全民健身可以推动全面建设社会主义现代化国家，协助构建和谐社会，意义重大，不容忽视。国家体育总局和各级体育部门都表示，全民健身工作要以党和政府为主，从国家的经济大局出发，与时俱进，在不断改革创新中完善全民健身活动。各级人民政府要起到主导性作用，积极推进群众体育的发展，为人民群众建设良好的公共体育设施，努力探求群众体育社会化的发展方向和道路，要坚持以人为本的策略，真正关注民生问题，把“人民群众高兴不高兴、满意不满意、赞成不赞成”作为衡量自身工作好坏的准则。

（三）全民健身逐步走上社会化之路

随着我国政治体制的变革，经济体制也在时刻变化着，体育也在改变，社会化的进程正在加快。目前，我国全民健身管理体制正在转变成与社会和政府有机结合的体制，处于过渡的阶段。对于全民健身来说，政府行政部门的作用依然举足轻重。新形势下，政府的职能转变成了宏观调控，体育企业、事业单位和群众体育组织则成为全民健身事业发展的主要依托。

（四）公共体育设施建设与开放并举

我国未来提升公共体育设施水平的工作重点是建设和开放。对于我国的公共体育设施建设来说，很长一段时间都要以全民健身工作为龙头，通过遵循实际发展情况来推动全民健身工程的发展。为了全民健身工程能够更快更好地建设起来，体育彩票公益金的使用管理以及全民健身工程器材的质量管理需要不断加强，使我国公共体育设施的建设水平再上一个台阶。

（五）社区体育逐步向多元化方向发展

第一，社区体育组织网络化。人们的体育利益取向产生变化，社区体育变成居民新的满足点。作为城市基层社区的管理部门，街道办事处有责任、义务和能力成为社区体育组织网络发展的坚实后盾。

第二，社区体育主体多元化。对于学生、在职人员、离退休人员等来

说，体育利益呈现社区化的发展趋势，致使社区体育文化的参与者呈现多元化的状态。受时间限制，社区体育活动参与者以离退休人员为主，周末和节假日的时候参与者多元化的状态才会展现出来。

第三，社区体育活动业余化。目前很多由社区体育协会和区域性的体育协会开展的活动并没有完全以业余化的形态出现。不过随着社会的不断进步，企业的经营机制会越来越强大，事业单位也会开始缩编，加之工作的节奏变快，非业余化的体育活动所受到的限制一定会越来越多，并且社区的体育活动时间也会越来越趋近于业余化。

第四，内容与形式多样化。随着社会的不断发展进步，人民的经济水平逐步提高，随之而来的是体育需求的增加，人们对体育活动的内容和形式的要求也会更多。不论是竞技化还是非竞技化，不论是比赛还是表演性质的活动，都需要不断扩大群体和丰富展现形式，只有不断丰富体育活动的内容并以多样化的形式开展，才能满足人们日益增长的体育需求。

（六）体育健身产业促进经济不断发展

当前，我国正逐渐步入休闲时代，我国国民生产总值中体育休闲和体育健身等产业的份额将会不断扩大。从个人角度看，全民健身可以让人们增强体魄，愉悦身心；从国家角度看，体育健身产业可以推动我国社会主义物质文明和精神文明的建设。

（七）与全民健身有关的国民体质建设进一步加强

每个人的身体因为遗传、环境、营养、体育锻炼等多方面原因而处在一个不断变化的状态，而实际上最终影响身体体质的是遗传、营养和体育活动。体育锻炼就是有意识和有计划地进行体育活动。对于每个人来说，营养和体育锻炼是可以自我控制的，尤其加强体育锻炼，能够有效增强体质。开展全民健身不仅能够增强人们的体质，还能对建立国民体质监测系统起到重要的推动作用。

第二章　全民健身服务体系研究

第一节　全民健身服务体系的目标、特点与建设原则

一、全民健身服务体系的目标

《“十四五”体育发展规划》的总体目标：将全民健身与全民健康作为城市发展战略。坚持以人民健康为中心，完善全民健身公共服务体系。制定并实施全民健身计划，普及科学健身知识和健身方法。统筹建设全民健身场地设施，促进各类体育场地设施向社会开放。广泛开展群众性体育活动，促进大众体育改善。优化全民健身组织网络，发挥体育社会组织示范作用。创新体育消费支付产品，推动体育消费便利化。

二、全民健身服务体系的特点

（一）全面性

《全民健身计划纲要》指出，“全民健身计划以全国人民为实施对象”，这既是全民健身服务体系中“全民”的要求，也是全面建成小康社会中“全面”的规定，它包括服务人群的全面性、服务内容的全面性和服务范围的全面性；既包括城市又包括农村，涉及各行各业的人群。因此，其具有全面性的特点。

（二）系统性

《全民健身计划纲要》本身是一项庞大的系统工程。要完成这一系统工程，系统的计划和全社会的大力支持必不可少。因此，其具有系统性的特点。

（三）多样性

《全民健身计划纲要》的服务对象、组织结构、投资主体和内容都具有多样性。一个多样性的全民健身服务体系能使更多的人参与体育，使更多的人受益。

（四）服务性

党和政府的宗旨就是全心全意为人民服务，因此要让人民群众享受到必要的体育设备、设施和服务。全民健身服务体系具有利民、亲民和便民的特点，其可以更好地服务群众参与体育锻炼活动，服务群众树立健身观念，服务群众提升生活质量，并推动经济发展和先进文化建设，促进体育事业繁荣昌盛。

（五）保障性

全民健身服务体系是由我国群众体育的公益性事业的性质决定的。全民健身服务体系要保障广大人民群众享有基本的体育服务；保障法定公民的体育权益切实得以实现；保障政府承担的体育责任切实得到落实；保障基本的体育健身环境和条件切实得到改善；保障全民健康素质切实得到明显提高。

三、全民健身服务体系建设原则

（一）科学性原则

全民健身服务体系的建设要科学合理，能够契合当下社会发展现状，满足群众对体育活动的需要；要在群众中有效地运用全民健身的指标体系，通过对实践经验的积累，构建出科学性原则，并加以完善。

（二）均等性原则

国家支持体育服务行业的发展，但是体育行业的财政支出在很多地方存在着巨大的差异。比如，体育公共资源无法得到共享，竞技体育和群众体育存在明显失衡。公共服务对于每个人来说都是平等的，每个人享受体育服务的机会也是均等的。因此，政府要着力实现均等化，将其视为推动公共事业发展的基础。完全一致的体育服务体系并不是强调均等性原则，而是让每个居民都了解全民健身服务体系，即在国家的政治、经济、文化差异的影响下，保障全体公民的满意程度，达到基础性的认同，使广大人民群众参与到全民健身服务体系建设中。

（三）特色性原则

全民健身服务体系所构建的每个区域都有本区域的特色文化和文化背景，因此要尊重地方传统和生活习性。在构建全民健身服务体系的过程中，难免会遇到与地区文化相碰撞的情况，要尽量适应地区特色，为当地居民提供更好的体育服务，根据地区群众健身喜好供给体育产品。

（四）导向性原则

全民健身服务体系要反映出合理、协调的精神，确立正确的发展目标和深刻内涵，同时要注意与国家出台的政策法规相统一，如落实全民健身工程、群众体育健身工程等，还要具有导向作用。

（五）区域性原则

全民健身服务体系的构建要注意区域性原则，深入了解区域性概念，贯彻落实区域性体系、供给体系、监督体系、融资体系等。这些都是全民健身服务体系中的重要构成部分。

（六）效率性原则

人的需求是否可以最大化地被社会资源满足，需要用效率进行衡量，生产者需要提升生产效率，消费者也需要享受符合自身需求的产品服务，而效率贯穿始终。因此，效率是我国全民健身服务体系快速发展的关键性因素。在建设和发展该体系时要遵循效率规律，充分发挥效率原则，让体育服务行业的建设者范围扩展到更多的企业和个人，让体育产品和服务覆盖到农村群众，让体育发展得更加平衡。

第二节　全民健身服务体系的构成要素

全民健身服务体系的构建应积聚政府、社会等各方面力量，根据整体情况和全民健身服务需求的发展变化，制定合理的总体规划和阶段发展规划体系，全面协调全民健身服务体系与政府、社会组织之间的关系，有效地整合系统的组织机构和社会资源，将全民健身服务体系的目标转化为与大众整体利益直接相关的全民健身服务项目。一是注重体系规划的前瞻性。全民健身服务体系的建设是一项长期的系统工程，在不同阶段需要以具备先导性的发展蓝图和行动纲领为指导。所以，在制定规划体系时，各职能部门应深入分析国家的时事政治和大政方针，深入分析体育健身发展趋向，广泛听取官员、专家、学者及社会各界对规划编制的意见，预见性地考虑全民健身服务面临的主要问题。二是注重体系规划的操作性。全民健身服务体系要切实为居民提供全民健身的实施依据，确保该体系的真实性、可靠性、可行性，避免出现操作上的偏失。三是注重体系规划的动态性。事物总是处于动态的发展过程中，因而指导事物发展的规划也必须具备相应的灵活性，使事物在发生变化或重大转折时，依旧能够确保全民健身服务体系的正常运行。四是注重体系规划的持续性。大众全民健身服务体系规划必须与整体发展战略规划、经济社会发展规划、社会主义新发展规划、城市发展规划等相协调、相统一。

一、物质要素

全民健身服务体系的物质条件可以分为两大类：①体育场馆及附属用房（场地）等建筑设施类；②体育设施、设备、器材等专业设施类。

建筑设施包括各种体育馆、公共体育场，其中小的休息室、更衣室、洗浴室、咨询处、寄存处等既属于建筑设施，也可以看作服务设施。

专业设施包括提供健身服务产品所必需的专业设备和专业器材，如乒乓球台（乒乓球）、保龄球道（保龄球）、综合（单一）健身器等。在健身健美、运动处方咨询等健身服务中，专业的测试设备必不可少。

作为健身服务的物质要素，无论是建筑设施还是专业设施，一般都应该满足齐全、舒适、完好、安全四个条件。

（一）齐全

设施的齐全既包括建筑设施的齐全，也包括专业设施的齐全。一座城市（一个地区）在规划体育设施的时候，首先要考虑的是体育建筑设施的齐全，其次要依据群众喜欢的运动项目而设定。一个具体的健身服务企业，不仅要考虑体育建筑设施的齐全，还要考虑专业设施的齐全，即既要有设计新颖、美观的体育场地和服务性设施，也要有健身项目所必需的各种专业设施。

（二）舒适

在全民健身服务体系中，衡量其功能状态的指标是体育设施设备是否舒适，这关乎健身服务的质量。在公共体育场所中，体育健身设施的舒适程度主要由两个方面决定：一是配备的设施档次，选购和配备设施的工作要在体育场地的建设过程中就重视起来；二是是否经常维修和保养设施，要注意对设施的日常检查和保养，并加强设施的使用管理。

（三）完好

公共体育场地、设施设备的完好程度直接影响健身服务的质量。如果公共体育场地地板开裂、场地不平、灯光不明、座椅破损，或者没有休息、寄存物品的地方，即使体育活动激烈精彩，也会使全民健身服务的质量大打折扣，造成群众的不满意。所以，政府相关体育部门必须保持设施设备的完好，以避免因为体育设施设备的问题而影响全民健身服务的质量。

（四）安全

全民健身服务体系中的安全包括公共体育场地及附属用房（场）等建筑物的安全，体育器材、器械等专业设施的安全，健身活动项目的安全以及群众的财物和人身安全等。建筑设施、专业设施、服务设施等的安全都是为了保证群众和健身服务人员的人身安全。所以，体育部门必须经常检查各类设施的安全状况，及时消除安全隐患，切实保证各类设施的安全，从而保证群众和健身服务人员的安全。

二、职能要素

体育企业的职能条件决定着群众能否获得良好体验，其要与技术条件相互促进，共同实现目标，以获得最后的认同。在服务的过程中，要不断完善体育产品，让体育产品更好地销售出去，要依靠服务人员，注意交流方向，改善服务态度。只有各方面达到一致，体育企业的职能作用才能被充分发挥出来。

三、组织管理体制要素

全民健身组织管理体制是指群众体育管理体系与运行机制的总和。20世纪80年代之后，我国的政治体制不断改革，政府的职能也随之转变，政企分开，权力下放，企业的自主权随着经济体制的改革逐渐扩大，企业拥有了自主经营能力，成为经济实体。改革也涉及工资、劳动和社会保险三项基本制度，社会福利领域的改革转变了原有的福利政策模式以及职工福利待遇，社区服务业由此高速发展起来。同时，随着我国资源配置结构的变化，社区群众体育治理结构发生变化，即逐渐由以政府行为为主的街居制向政府指导帮助、以社会和民间行为为主的社区制转变，伴随着这一转变，我国群众体育的管理体制也必将发生改变。

（一）群众体育组织管理的原则

在管理过程中，原则是管理主体行为必须遵循的行为准则。群众体育组织管理的基本原则即群众体育组织管理的主体活动的基本准则。群众体育是以满足群众的身心健康需求为主要目的的群众性健身活动，其管理原则应主要围绕着这一目标的实现来制定。具体来说，我国群众体育组织管理的基本原则有以下几项。

1. 人本原则

群众体育的开展要以人为本，要把群众体育真正作为社区内广大居民的一项事业来抓，充分调动社区居民在群众健身活动和建设中的积极性、主动性和创造性。从较低的目标来看，群众体育要满足社区居民多方面的体育需求；从较高的目标来看，群众体育追求的是人的自由全面发展。因此，在群众体育管理过程中，满足社区居民的多方面体育需求是开展社区各项健身活动的出发点和归宿。

2. 服务原则

让社区居民的体育需求得到满足是群众体育服务的主要目的，除此之外，群众体育也要保证居民的身心健康。这种群众性健身活动的管理从本质上看是非管制的，群众体育本就是为居民提供服务的一种活动形式，所以群众体育的管理也要从服务出发。目前，群众健身服务以健身活动计划服务、体育指导和咨询服务、场地设施服务和体育信息情报服务等为主。群众体育要充分发挥社区资源优势，满足群众的体育需求，并提供具有福利性、互助性和公益性的服务。

3. 公益性原则

群众体育的基本目的是提高群众的健康水平和生活质量，帮助群众建立文明、健康、科学的生活方式，增强群众的社区认同感和归属感，促进社区发展。群众体育所具有的公益性和福利性特点决定了对群众体育的管理不是以营利为目的，而应把追求社会效益放在首位。虽然群众体育中有时需要收取一定的费用，但社区体育更多的是无偿或低偿服务。

4. 因地制宜原则

鉴于社区之间往往存在较大的差异，群众体育管理应坚持因地制宜原则，即各社区一定要以本社区的经济发展水平和本社区居民的实际需要为出发点，量力而行，制订适合本地区的社区体育工作计划和群众健身活动内容。

5. 自主性原则

群众体育是一种居民自愿、自主的健身活动，对这样一种健身活动的管理要以自主管理为主。因此，群众应成为群众体育事务的管理者，承担群众体育的管理工作，同时充分发挥群众体育骨干及全体群众的积极性和主动性，采取各种激励措施激发居民的体育动机，提高居民的体育兴趣，以实现自主管理。

（二）全民健身管理发展的途径

1. 大力开展群众体育的宣传教育活动，使群众体育意识深入人心

舆论是行动的先导。要大力发展群众体育，对群众体育工作的宣传必不可少。如前所述，当前我国群众对体育参与不足的主要原因，除了生活琐事牵绊、场地设施不足之外，更主要的是部分群众对健身活动的认识不足。为此，应让社区体育的管理者、社区居民都充分认识到，开展群众体育是不断提高社区居民生活质量不可或缺的重要手段。进行群众体育宣传的方法多种多样，常用的方法如下：利用社区宣传媒介，如社区有线广播、有线电视网络进行宣传；通过组织各种健身活动进行宣传；在开展社区文化活动的过程中，安排一些健身活动内容，对居民进行宣传；通过举办一些专题健身知识讲座，提高居民对社区体育的认识等。

2. 搞好群众体育产业，促进群众体育与经济的结合

人、财和时间等要素是开展群众体育的基础。其中，资金的来源主要有三个：政府投入、社会捐赠以及开发社区已有资源而形成的创收。我国现在正处于社会转型期，政府投入依旧是开展社区体育所需资金的主渠道，同时要鼓励社会上的企业或个人参与体育设施开发，转换经营方向，推动体育产业的发展，协助广大人民树立科学的体育消费观念，逐渐弥补体育产业的不足，最终实现企业经济发展和群众体育工作的有机结合，让群众体育得到更广泛的开展，获得充足的经费，也让企业的声誉得以提高。

3. 促进民间体育组织的发展，加强群众体育的指导

随着我国社会经济的发展，社区人口的异质性程度加大，社区中不同人群的体育需求差异加大，群众体育缺乏指导这一问题将会更加突出。因此，应大力加强对群众体育的指导，充分利用社区的非营利性组织开展群众体育，以群众健身活动站点为龙头，以社区各街道、居委会、住宅小区为活动阵地，以为社区居民搞好服务为基础，大力开展社区居民体育健身活动。

四、设施保障要素

根据当代全民健身的变化情况，保障大多数人在生活、娱乐中对体育的需求得以满足，建设全民体育生活方式，制订一个系统的计划是十分必要的。比如，城市的全民健身应该以社区为建设中心，配备一套齐全的体育设施，并且在建设中不断改善健身场所的环境及相关的体育活动区域等。

为了使全民健身更好地融入生活，应把体育健身和生活保健等进行融合。在社区诊所及其他社区服务部门建立有关社区“健身康复中心”，从而进一步完善社区群众体育健康服务。在社区建设的体育设施应根据当地社区的年龄分布情况，由老年委员会同多部门共同规划建设符合当地人口的健康服务中心，在管理运营等方面也要多部门合作，突出健身康复中心的重要意义。

快速发展的医疗水平推动了我国卫生体制的健全和完善，形成了可以在各级之间双向转诊的医疗体系和医疗分级制度，为建设和管理社区卫生服务提供了极大助力。其中常见病和慢性病主要由社区负责诊治，这让许多社区的卫生服务机构逐渐转变成康复中心，发展方向以体育服务为主。其作用在于促进居民身体健康及常见病的康复，并且以共享为原则，结合社区卫生服务，设置相关的专业医疗部门，促进全民健身事业的发展。

地方政府为实现体育设施的开放性发展，采取相关措施开放群众公共体育设施。政府部门依据负责体育设施的相应机构提供的相关指标进行成

本核算，预算超支则由政府承担，推动体育设施开放性建设，促进服务质量的提升。随着经济的发展及人民生活水平的提高，国家更加重点关注全民健身服务，并给予其相关扶持，加强健康体育设施建设。

五、资金保障要素

群众体育健康促进体系是否能够正常运行，取决于是否有充裕的资金。现代经济社会决定了资金具有保障特性。充足的资金可以让社会上的有利资源得到充分利用，从而推动全民健身运动的广泛开展。

（一）政府体育投资

政府体育投资包括中央政府体育投资与地方政府体育投资，是群众体育发展资金最主要、最直接的来源。随着社会的发展，政府的体育投资在国家预算中的比重将越来越大，呈上升趋势。由于体育有扩大地区影响，促进社会生产，活跃人民文化生活，推动市政建设和文化教育事业发展的作用，所以许多国家的地方政府乐于进行体育投资。

随着我国国民经济的发展，适时适量地增加体育经费，合理配置体育设施已成为加快我国群众体育事业发展的必要条件之一。

（二）社会体育投资

社会体育投资的主要途径包括居民体育消费、企业赞助、社会各界捐赠、发行体育彩票等。

第一，居民体育消费。居民体育消费指的是居民为了满足个人生活和健身需要而购买体育物质产品、体育劳务产品和体育信息产品的花费。它是大众生活的一个方面，是社会生产力发展到一定阶段的产物。经济的好坏，社会产品的丰富与否，人民物质生活水平的高低，直接影响体育消费的发展，制约体育消费的形式。因此，要引导群众建立健康的体育意识，树立正确的体育消费观念并引导其消费，多角度对体育消费进行宣传和鼓励，推动群众增加体育方面的消费，形成更加广阔的体育消费市场。

第二，企业赞助。企业赞助是指企业为体育赛事、运动队、公共体育场地或公益性健身活动等提供的一定数额的现金、实物、技术或相关劳务等的支持。赞助使体育与企业获得了双赢，是合作双方各取所需、相得益彰之举。

第三，社会捐赠。社会捐赠是指个人、企业、社会团体以资金或实物形式对群众体育的捐赠与赠予。不同于赞助，捐赠是不附加任何回报条件的无偿赠送。捐赠款项的单位数额一般不多，零星分散，但是在举办各种群众健身活动时，尤其在举办较大规模活动时，社会捐赠仍是一种必要且重要的集资方式。目前我国设立了“全民健身专项资金”“体育设施建设与维修专项资金”等专项基金，能够逐步增加资本积累，为扩大再生产创造良好的条件，保证体育事业发展的重点需要。

第四，体育彩票。体育彩票可以有效地向群众筹集体育资金，是实现体育市场投资多元化的一种形式。体育彩票的发行在很大程度上缓解了体育资金需求增长与国家投入不足的矛盾，正因如此，运用发行体育彩票的方式弥补国家财力不足，推动体育事业发展，成为越来越多国家普遍采取的措施。

第三节　全民健身服务体系的构建

一、政策基础

（一）制定鼓励政策

全民健身服务是一个政府领导、部门组织、行业合作、社会参与的多元服务体系。近年来，由于各种情况复杂，政府的精力有限、能力有限，全民健身服务开展状况并不乐观。因此，制定相应的鼓励政策，吸引社会、企业、个人参与到全民健身服务的整个流程中，发挥他们的功效，提高全民健身服务质量势在必行。

（二）推进工程建设

综合推进“体育健身工程”“全民健身路径工程”和“雪炭工程”等相关活动的开展，使其影响最大化，同时开展下一阶段的计划，促进和推动我国全民体育氛围的营造和服务的提升。

二、转变政府管理职能，建立新型合作关系

（一）转变政府管理职能

全民健身服务体系的管理模式应由政府主导，并有着多元化的治理主体。政府应与企事业单位等非政府组织形成良好的合作关系，营利组织、非营利组织、家庭、社区和公共部门也一同参与建设，形成政府、社会、个人责任与义务相协调的服务机制。

（二）建立新型合作关系

目前，我国管理体育事业的方式逐渐从微观和直接转变为宏观和间接。要想让全民健身活动更好地开展和我国全民健身服务体系进一步完善，政府、社会和个人必须团结起来，一同发展体育事业。

全民健身服务体系应由政府与社会共同构建，所以科学地界定政府、社会、市场三者的关系及其作用范围，建立新型合作关系至关重要。依据我国现有的行政管理体制和各有关行政管理部门的关系，结合调查结果分析，社区全民健身活动的管理体制应由各级地方政府领导，专门的体育协会组织，相关部门配合，居委会或街道办事处具体实施，鼓励个人和社会力量共同参与。新的管理体制需要明确各方的权责，合理分配、科学管理，促进全民健身服务体系的良好建设与发展，保障全民健身活动的顺利开展。

（三）发挥体育组织效能

我国体育社会团体逐渐形成了从中央到地方的多层次团体结构，广大城乡地区基本得到覆盖，且大部分社区居民非常认可体育社会团体存在的必要性，这有利于建设全民健身服务体系的管理系统。但是，为了在全民健身活动中充分发挥各大体育社会团体的优势，保证活动的顺利进行，国家还需要针对社会团体的发展管理制定更加科学合理的法规，推动体育社会团体这类组织向实体化方向发展，激发体育组织的积极性，鼓励其在全民健身事业中充分发挥自身的实体性作用，让全民健身事业的发展更加顺利。

三、满足综合体育需求，培育体育消费市场

（一）积极开展户外运动，满足多层次体育需求

野外健身项目的兴起体现了人们健身活动兴趣的转移和对户外运动的向往。积极开展户外运动，满足全民的多层次体育需求，是全民健身活动得到更好的开展的有效途径。各地区可根据居民的兴趣开设相应的活动项目，以增加体育活动人口，促进全民健身活动的发展。

（二）加快调整产业结构，培育体育消费市场

目前，我国体育产业的分层初具规模，这一点值得肯定。在未来，应加快产业结构调整，强化高新科技在体育产业中的应用，提高产业整体素质，为居民提供更好的服务，促进居民体育消费总额的上升，进而带动整个产业快速发展。

另外，为了推动体育产业的快速发展，让国民体育消费的效益总体上有所提升，我国还要尽快优化体育产业的结构，让体育服务业占据更大的比重，提升体育服务质量，最终成为带领整个体育行业飞速发展的“领头羊”。

四、加强城乡体育设施建设，促进场地设施社会化

（一）发展新时期农村体育，开发户外运动场地资源

根据建设社会主义新农村的总体部署，实施“农民体育健身工程”，坚持以地方为主、社会参与、中央适当支持的原则，有计划、有步骤、有重点地扶持、资助、建设一批适应农民需求和当地特点的体育设施，发挥示范作用，引导农村体育场地建设，改善以村为主体的农村基层体育设施条件。开发户外运动场地资源，提供多种运动类型与场地设施，以供居民选择。充分利用城市广场、公园等公共场所和适宜的自然区域建设全民健身活动设施，促进全民健身活动的开展，使城市社区和农村村镇的公共体育设施条件同步。

（二）引入市场调节机制，促进场地设施社会化

近年来，随着人们体育健身消费需求的提高，健身市场逐步形成，以营利为目的的健身中心、健身会馆、健身俱乐部为人们提供了个性化、高水平的健身场地设施服务，满足了一部分有消费能力的体育健身爱好者的需要，成为公益性体育场地设施的重要补充。但是，高档健身场所并没有广泛的消费受众。因此，在未来，应及时调整场地资源结构，针对高消费群体受众小、健身需求高的特质，科学引导此类场地设施合理建设与发展，避免出现盲目发展导致大量高档健身场地设施闲置或者得不到利用的情况，造成不必要的浪费。

五、改革监测评价系统各项指标，充分发挥激励机制作用

（一）针对监测结果指导健身活动，改革监测评价系统各项指标

进一步完善体质监测评价系统，改革监测评价系统的各项指标，确保有关测试方法的规范与数据的准确。不断改善各社区内的监测仪器，开发更为简捷、有效、全面的体质监测手段，适应局部地区及时、便利地开展体质监测活动的需要。针对体质监测活动的结果，有目的地指导全民健身

活动的开展，将其作为下一阶段全民健身活动的指引与依据。

（二）调动各级政府积极性，引入激励杠杆评价建设成果

通过激励机制将各方的积极性调动起来，让所有相关组织付出的辛苦努力和做出的工作成效都能得到最公正客观的评价，为社会目标的实现提供推动力。在建设全民健身服务体系时，引入激励杠杆，并通过它来设定评价的标准和内容，建立完善的综合评价体系，不再使用单一的指标、数量观和效率观，而是采用综合指标、质量观和绩效观的评价方式，为建设全民健身服务体系做出贡献。

第三章　体育健身与人体和社会发展

第一节　体育健身与人体发展

一、体育健身的科学基础

（一）体育健身的生物学基础

生物学基础可以帮助人们更好地了解体育健身对人体的作用，从生理生化、进化和遗传变异等角度深入探究锻炼的功效，并帮助专业人士制定合适的身体锻炼定性和定量标准。

生物的进化既会发生在不同的生物物种之间，如从猿到人类的进化，也会发生在某个生物的漫长演化中，如人类在漫长进化中尾巴逐渐消失，手指灵活性增加。生物进化作为一种普遍的过程，会经历漫长的时间，变化速度非常缓慢。但是人类进化过程中的每一个阶段都是必要的，进化规律也在时时刻刻支配着所有人。

对进化动力机制进行阐述的理论主要有两种：一种是达尔文的自然选择论，另一种则是拉马克的用进废退论。这两种理论都可以合理地对人类进化和体育健身运动之间的关系做出解释。因此，在进行体育锻炼时也要注意，从总体上要遵循的规律是自然选择，局部则以用进废退为准。

从全人类的视角来看，体育健身展现了自然选择的特征，它提供了外部条件，以供人类身体发展进化以及优胜劣汰，保证人类整体可以一代代繁衍生存下去并保持健康。

从个人视角来看，体育健身是一个用进废退的过程。体育健身能使个体的运动器官及其他器官得到相应的发展，如肌肉体积和重量的增长、骨骼的增长、皮肤的加厚等。身体器官的用进废退是生物进化过程中的一种保护性反应，它能使生物和人体有效地适应外界环境的变化。这就是体育健身中“需要什么练什么”“哪里不足练哪里”的道理。

（二）体育健身的人体遗传学机制

体育健身可以适当地调节人体遗传。身体锻炼对于人体来说，就是要适当地运用环境变异和遗传变异的规律，在后天环境的影响下实现某些新的、良好的环境变异，以增进健康，增强体质。同时，处于青春发育和生育阶段的年青一代的健身锻炼，有利于提高其健康和体质水平，将其优越的遗传品质传给下一代。如此循环往复，就有可能提高整个种族的体质水平。

从学生体质健康调研的结果可以看出，现在我国青少年的饮食情况已经变得更加健康、营养，但是想要达到合格的健康体质，不仅需要注意饮食方面，还需要在卫生、医疗以及重要的体育锻炼方面下更大的力气，这样才能为国民体质的提升创造良好的遗传前提条件。

（三）体育健身的生理生化机制

人体的生理生化过程是生命这个耗散结构与外界进行物质、能量和信息三个方面交换的基本运动形式。它是保证生命存在的生物过程。人体生理生化过程中的新陈代谢，既取决于先天遗传素质，也受后天环境的影响。人体的生理生化过程的变化较为迅速，常以小时、分、秒、毫秒为计算单位。同时，大多数生理生化的变化具有可逆的性质。

不管是微量元素还是宏量元素，人体内所有的化学元素都必须保持在合适的浓度范畴内。倘若某种元素缺少，人的身体就会出现问题，丧失健康，而若某种元素过多，就会引起中毒，甚至导致死亡。

人是一个有机的活体，维持人体的生命活动需要一定的能量。人作为有机体，要对周围环境做出应答，同时做出各种反应动作。作为社会一员，人也要完成各种各样的有目的的行为。这就需要消耗大量的肌肉能量和神经能量，而这些能量的摄取也是人体在进行物质代谢的过程中实现的。

体育锻炼的基本功效在于它是一个消耗体力的过程（促进体内物质的分解和能量的消耗），由此会引起异化作用的加强。它将人体内平衡的同化与异化打破，暂时降低了人的体质水平。但是，体育锻炼并不是对人体消耗到这个程度后就停止的，而是刺激机体，增强体内的同化作用（同化作用随着异化作用的加强而加强），使人的体质和健康水平得到提高。

除此以外，人体还要与周围世界进行多方面的信息交换，如人们在感受到外界环境温度变化的信息时，就会通过体内的体温调节系统对其加以中和、缓解，如通过排汗、呼吸来降低身体的温度，通过体表肌肉收缩来抵抗严寒的侵袭，等等。人体在摄入对身体有害、有毒的物质时，也会通过消化和排泄系统的作用将其危害性降至最低限度。人体只有不断地与外界交换信息，才能有效地保持机体的有序和正常。信息的交换是通过人体的感觉器官、神经中枢、肌肉的生理生化功能实现的。体育锻炼使人体的物质、能量和信息密切结合，三位一体，推动着人体的整体优化。

（四）体育健身的生长发育机制

遗传不仅会影响人的生理机能、形态结构和运动能力，甚至会影响到人的心理以及寿命等多个方面。遗传程序制约着这种影响，它让每个个体都有一个大致的生长发育方向以及水平。不过这种程序并非无法改变，它可以在后天的环境中发生一定幅度的变化，通常能用到的最基本的调节这种程序的手段就是体育健身。

人体的生长发育过程不同于遗传过程，它不是发生在世代的衔接上的，而是发生在每个个体身上。每一个生长发育过程都是人类生命史上的一个周期，而每一个周期都为遗传变异做了累积，进而促进了人类的进化。

人体的生长发育过程具有如下几个特点。

1. 波浪形和阶段性

不同民族、地区、性别、时代的人，在身高、体重等方面，都随年龄增加而变化，变化曲线呈波浪形，并有明显的阶段性。

2. 非等比性

人体在生长发育的各个阶段都是一个统一而完整的有机体，因而，人体各部分的生长发育都有着相应的比例。但各部分在同一时期及整个发育过程中又有先后之分，具有非等比性。7岁后的形态发育顺序是足—小腿—下肢—手—上肢—躯干，这被学者称为“向心律”。

3. 统一性

生活在同一个地区的同种族的人会拥有规律较为接近的寿命、运动水平、发育速度以及形态机能等。一个人的生命过程中至关重要的一个方面就是其生长发育，遵循这种发育规律可以更好地对身体锻炼做出正确指导。它既指出了身体锻炼对每个年龄段的个体的必要性，也说明了每个人都必须根据自身情况尽量多地进行全面的身体锻炼。

二、体育健身的心理学基础

人的感觉、知觉、记忆、判断、思维等心理过程，以及兴趣、性格、意志等个性心理特征，都与自身的健身锻炼行为有密切的关系，影响着人们参加健身锻炼的自觉性、积极性和主动性。而健身锻炼的效果又不断提高、改善和调节着人们的心理水平，如人的智力、意志品质和精神情绪。健身锻炼的心理学基础是一个相当复杂而重要的问题，现就其中几个方面初步阐述。

（一）体育健身与心理健康

心理健康是指人的内心世界丰盈充实、和谐安宁，并与周围环境保持协调的状态。1946年第三届国际心理卫生大会对其定义如下：心理健康是指在身体、智力以及情感上，在与他人的心理健康不相矛盾的范围内，将个人心境发展成最佳的状态。世界卫生组织具体指出心理健康的标志如下：身体、智力、情绪十分协调；适应环境，人际关系中彼此能谦让；有幸福感；在工作和职业中，能充分发挥自己的能力，过有效率的生活。可见，心理健康不仅仅是指没有心理疾病，更重要的是指一种积极的、适应良好的、能充分发展人身心潜能的丰富状态。对正常人的心理健康程度的判断，目前尚无统一的测量指标。马斯洛（A. Maslow）等心理学家曾提出几项指标，可以作为量化评价心理健康的参考，即安全感、稳定感、信任感、自主感、归属感、幸福感、适应感和认同感（自我、家庭、社会）。这些指标的分值越高，心理健康状况越好。

体育运动可以帮助人们提升心理健康水平，合适的健身和锻炼可以让人的心情愉悦，体验到更多的乐趣，并且对一些来自社会竞争中的巨大压力起到缓解的作用，让人们保持良好的心态，对待生活更加自信、乐观和开朗。体育健身还可以提升人的内控能力，让人能够形成对自身的积极评价。比如，慢跑可以缓解人的焦虑和抑郁，帮助其增强自我概念，提高应激忍受力。

（二）体育健身与情绪

情绪是人的需要是否得到满足的反映。无论是长期坚持锻炼，还是一次性体育健身活动，都能对人的情绪产生良好的影响。一般而言，心理自我良好感与体育健身运动呈正相关关系，积极参加锻炼者比不锻炼者的自我感受和评价更积极，其中女子比男子的相关程度更高。这种良好情绪的产生可能是体育锻炼对人产生的生理、心理和社会三个方面综合作用的结果。

（三）体育健身与动机

动机是推动一个人进行活动的心理动因或内部动力，其基本意义是能够引发人的活动，并使活动导向一定的目标，以满足个体需要。这就说明动机是人的内在过程，而行为正是这一内在过程的结果。

动机和行为既可以由需要引起，也可以由环境因素引起。比如，有的人参加健身锻炼，既可能是出于维护个人健康的需要，也可能是由于周围朋友或同事的带动，还可能是上述两种因素的共同作用。根据唯物辩证法的基本观点，自身需要是活动的内因，环境因素则是外因，外因通过内因起作用。一般来说，某一时刻最强烈的需要会构成最强的动机，最强的动机则推动着人的行为。

人们常带着不同的心理需要投身于健身锻炼，因此人们的锻炼动机具有不同的层次、指向，也具有不同的深度、广度。

人们参与健身活动的动机主要是从社会和个人这两个层面出发的。社会动机包含为了让国家繁荣发展而锻炼这样的高远动机，这种动机可以稳定而持续地保持人们的锻炼行为。但是社会动机并不是适合所有人的。人们的健身活动会直接受到强烈的个人动机的影响。许多人锻炼的主要动机就是让自己的身体保持健康，增强自身的体质，预防或治疗疾病。另外，每个社会群体也有根据其自身特点而形成的健身动机。

当然，每个人在参与健身活动时的动机并非单一且不变的，很多时候结合了多个动机，并且动机之间会出现主次顺序的变化，而这些动机的变化都取决于社会的需要以及人自身的生理和心理需求。

对于社会各种群体而言，参加体育健身运动的动机至少包括以下 6 个方面。

（1）为丰富社会经验而锻炼。参加体育锻炼可以满足某些锻炼者的社会需要。许多锻炼项目可以使人结交新朋友或维护和扩大现存的友谊关系。

（2）为强身健体而锻炼。这是大多数人进行体育健身锻炼的首要动因。它建立在个体对体育功能的认识和对身体健康的强烈需求的基础上。

（3）为消遣和寻求刺激而锻炼。这是因为某些体育娱乐项目往往能使人精神愉快，充满朝气。

（4）为丰富审美经验而锻炼。许多人参加锻炼是为了丰富自己的审美情趣，或出于减肥的需要。他们往往追求雅致的美、匀称的美，热衷于韵律操等项目。

（5）为精神发泄而锻炼。许多人参加锻炼是为了排解精神和情绪上的紧张和压抑。

（6）为磨炼意志而锻炼。许多人自愿参加长时间的、枯燥的，甚至十分艰苦的锻炼，或者在较恶劣的气候和地理条件下锻炼，正是出于磨炼意志的需要。

与动机密切相关的是兴趣。参加体育健身运动的兴趣是人们对身体锻炼活动的一种个性意识倾向，它是产生参加健身锻炼动机的主观原因。活动兴趣的产生，既与人们对活动目的的认识直接相关，也与活动所具有的外部特征有联系。对于青少年和儿童来说，活动本身的趣味性是引起其兴趣的直接因素，而兴趣又是他们保持健身锻炼热情的促进因素；老年人对体育健身活动的兴趣则更多地建立在对活动目的的本质认识上。

（四）体育健身与习惯

良好生活方式的确立需要靠习惯来维持。参加健身锻炼必须从小养成习惯，这是形成终身体育习惯的重要前提。良好的身体锻炼习惯可以使人终身受益。健身锻炼的习惯可以形成稳固的条件反射，促使机体的内分泌腺准时参与活动，使人产生参加健身锻炼的生理要求。

从现实情况看，相较于其他年龄组，我国中青年年龄层次中参与健身活动的人数比例较小。除了各种社会因素的影响之外，这种情况的产生还要归因于许多人没有在年幼时形成良好的健身习惯。所以，学校要重视开展体育方面的工作，培养学生形成良好的运动习惯，同时将一些能够在生活和工作中运用到的锻炼方法传授给学生，让他们拥有良好的体育基础。除此之外，对社会成员的运动健身指导要注意开展趣味横生的体育活动，同时要注意培养其形成良好的锻炼习惯，从根本上消除他们缺乏锻炼的问题。

（五）体育健身与意志品质

健身锻炼对于培养人们的意志品质，诸如勇敢、顽强、坚毅、果断、自信心、自制力等方面均具有重要的作用。意志品质的培养需要两个极为重要的条件，即明确目的和克服困难，健身锻炼活动则同时具备上述两个条件。人们在具有明确目的的健身锻炼活动中，常常需要克服各种困难，如恶劣的气候条件、疲劳、疼痛、社会偏见，以及来自自身的心理障碍、高负荷引起的身体不适等。这就需要足够的意志力，特别需要自制力加以克服。人们只有不断地克服这些困难，才能逐步养成锻炼身体的习惯。对于青少年学生来说，健身锻炼是对其进行意志品质教育的一种重要而有效的手段。在国外，一些厂矿企业也时常利用健身锻炼这一手段，对入厂的新工人进行意志品质培养。集体参加的健身锻炼往往具有培养意志品质，甚至道德品质的良好效果。但是，体育健身活动中的良好意志和道德品质不是自然而然形成的，而是有意识地培养和训练的结果。因此，要促进这些良好品质的形成，有目的的教育和引导是极其必要的。

三、体育健身的美学基础

爱美之心，人皆有之，而美是可以追求的。身体锻炼的美学意义是人所共知和不容忽视的，而其基本功能便是塑造人体美。

（一）人体美的基本含义

人类的审美对象是多种多样的，大致可分为自然美、艺术美、生活美和人体美。人体美是所有审美对象中最深刻、最动人的一种美，是一种自然美与社会美高度综合的美，可谓集自然美与社会美之大成。

人体美包括健康美、自然美、体型美、动作美和风度美五种。

1. 健康美

人体最本质的特征是健康。可以说，健康就是一种美。

人类要生存繁衍，需要从事两类生产，即物质的生产和人自身的生产。这两类生产都要求人类具有健康的身体、强壮的体魄和旺盛的生命力，因而形成了对人体自身提出的要求和以健康为标准的一种审美观。

众所周知，疾病对于人体来说是突发情况，而健康才是人体最常出现的状态。在自然界中，许多生物都有着健康的常态，展现出生机勃勃的一面，这些常态给人们带来了美的体验。而人只有保持健康，才会充满生命力，让他人看到自身的美。作为本质的内在之美，健康是美丽外形的基础。不过美和生理意义上的健康并不等同，应从美学角度对人体之美进行更加深刻的评价。

2. 自然美

人的形体就其形成方式而言，可分为自然美和修饰美两种。人们对美的追求应以自然美为主，修饰美为辅。

人体的自然美是最具普遍意义的美。所谓人体的自然美，就是按照不同年龄、不同性别、不同职业特征所特有的不同生理和心理特点，让人体的美不加附带条件地显露出来。这种美带有质朴、纯真的特点，因而也是最感人的。

修饰美是自然美的一种必不可少的补充。例如，通过服饰、化妆、缀饰等多种途径来修饰美。但是，服饰的设计不应妨碍肢体的运动和健康的要求，缀饰、化妆应以身体的卫生健康为前提，过分地强调修饰美，反而会影响人体的自然美。

3. 体型美

体型美是自然美与艺术美的结晶，体型指的是一个人身体各部分之间的位置和比例关系以及整体形态结构方面的指数。

人的体型主要分为运动员型、瘦长型和肥胖型。其中，运动员型是许多人内心理想的体型，其典型特征是具有中等以上的身材，脖子粗长，肩膀宽大，胸部发育正常，具有细窄的腰部以及强健有力的四肢，并且肤色健康，整体发育比较匀称。

人的体型美一般应该满足如下要求。

（1）均衡。所谓均衡，是指身体各部分要达到恰当的比例关系。这种比例关系应符合其同族同类同年龄人的基本特征。

（2）对称，即左右对称。从正面看和后面看左右两侧均平衡发展。肩线、髋线、眉线保持水平位置。

（3）对比。首先，要达到性别对比效果，同时要注意躯干与肢体部位、上肢与下肢、关节与肌肉围径的对比；其次，要注意身体各部位色彩的对比，如毛发与皮肤、眼白与瞳孔等的对比。

（4）曲线。人的体型要取得曲线美的感官效果，即轮廓流畅、鲜明，线条起伏恰到好处。曲线之美既可以是纤细连贯的柔润之美，又可以是肌肉分明的力量之美。

4. 动作美

动作美是指完成某个生活、劳动和体育动作时所表现的一种美。轻盈矫健、落落大方、协调且准确的动作会让他人感受到美感。这种具有美感的动作并非矫揉造作，而是大方且充满自然感的；它并非随便或者呆笨的，而是庄重且灵活的。人们不会因为运动员的国家、民族和地域而对其表现出的优雅动作产生不同评价。人的姿态之美除了受到生理条件的影响，也和人的精神因素有关联。

5. 风度美

人的形体在空间运动时会构成多种姿态，这些姿态的综合表现就是风度。风度美具有更强的、内在的精神因素，它能反映出一个人的文化修养和受教育程度，也是一个人内心世界的外露。古话所说的“诚于中而形于外”“征神见貌，情发于目”，就是这个道理。

（二）身体锻炼增进人体美的基本原理

1. 人体形态的可塑性

通过锻炼力量和耐力、改善营养结构以及训练自身的形体，人的体型可以发生改变。这是因为每个人的运动器官都有一定的可塑性，不同的运动器官在经过长期锻炼之后，可以出现不同程度的变化，其中以肌肉最为显著，即便人到了老年，也可以出现组织内部和外部形状的变化，保持良好的体型。

2. 人体色泽的可变性

人体皮肤、毛发、指甲、瞳孔等的色泽均有一定的可变性，这是生物进化过程中遗留下来的一种保护性反应。改善食物营养，参加体育活动，经常接受阳光照射，使用营养性护肤用品，都可以改变其光泽和色彩，得到健康的肤色和光润的毛发等。

3. 人体姿态、动作、行为的可教育性

人体的姿态、动作、行为大多是后天习得的。正确的姿态、动作可以通过劳动、生活行为、体育运动、舞蹈娱乐等习得，而不正确的姿态、动作也是在日常的学习、生活、劳动中有意无意地养成的。有意识地采用正确的行为方式，进行有针对性的形体锻炼，有助于纠正青少年不恰当和不美观的姿势、动作、行为，并使其不断自律，从而形成良好的人体美。

四、健身锻炼对人体的作用

（一）健身锻炼对人体各器官系统的影响

1. 健身锻炼对运动系统的影响

肌肉、关节和骨骼组成了人的运动系统。人的骨组织常受到体育运动的影响。一个经常进行体育运动的人，其骨组织具有更强的新陈代谢能力，并且骨骼的血液供应能力也更强，因为锻炼可以让人的骨骼发育以及机能和形态出现积极的改变。长久的运动习惯可以使骨骼粗壮，提升骨密质，并让骨小梁有更加规律整齐的排列，从而可以更好地抵抗拉力、压力和张力，并让附着于骨表面的肌肉更加清晰。在骨化过程出现之前就习惯参与体育活动的青少年，会有生长得更加强健的骨头，其长度和横径都会远超没有运动习惯的人，骨重也会提升，并且骨细胞在发育时有更加充足的营养供给，骨畸形的可能性也会大幅降低。在健康合理的运动中成长起来的骨头，会变得坚硬而有力，对扭转、挤压、拉扯等动作有更大的耐受能力，骨杠杆能力也明显提升。不过不同性质的运动项目对人不同部位的骨骼发展产生的影响也有所差异。

系统的体育锻炼可使关节面骨质和关节软骨增厚，肌腱和韧带增粗，关节囊、韧带、肌腱和周围肌肉的伸展性增加。这样，关节的牢固性、灵活性、伸展性和柔韧性都会得到提高，活动范围增大，承受能力和运动能力加强，同时可以防止伤害事故的发生。

体育锻炼对骨骼肌的影响十分明显。通过锻炼，人体的肌纤维增粗，肌肉的体积增大；肌纤维中线粒体数目增多（线粒体是肌纤维产生 ATP 能量的供能中心）；肌肉中脂肪减少，从而减少肌肉收缩时的摩擦；肌肉内结缔组织增多（肌内膜、肌束膜、肌腱和韧带中的细胞增殖、增厚、坚实、粗壮）；肌肉内化学成分发生变化，如肌糖原、肌球蛋白、肌动蛋白和水分等含量都有所增加。这些物质的增加可使 ATP 加速分解，氧的结合能力增强，有利于肌肉收缩，表现出更大的力量；可使肌肉中的毛细血管增多，改善骨骼肌的供血功能；可使参与活动的肌纤维数量增加。因此，经常参加锻炼者的肌肉显得发达、结实、健壮，匀称有力，收缩力强，运动持续时间长。

2. 健身锻炼对心血管系统的影响

人们可以通过参与体育活动，特别是耐力方面的锻炼来提高自身心脏的健康程度，增加心肌收缩蛋白和肌红蛋白的含量；让处于心肌中的毛细血管大量增生，增加循环血量；使心肌纤维变粗，增厚心壁，引发运动性心脏肥大，让心脏收缩搏动更加有力；随着心脏容积的增大，每搏输出量和每分输出量都会有所增加，最终形成“运动员心脏”。以上心脏形态结构的变化，一方面可以让心脏对大强度的体力活动具有更高的承受能力，另一方面可以让心脏在安静时出现心搏徐缓和机能“节省化”现象。

坚持健身锻炼可以改善血管壁和血管的分布情况。运动可使动脉管壁的中膜增厚，平滑肌细胞和弹性纤维增加；使骨骼肌的毛细血管分布数量增多，行程迂曲，分支吻合丰富，使血液与组织器官进行交换的能力增强；使冠状动脉口径增粗，心脏毛细血管的数量增加；使静脉血管回流血液增多。因此，身体整个血管系统结构改善，弹性好，机能提高，可以减少各种心血管疾病的发生。

3. 健身锻炼对呼吸系统的影响

体育运动对呼吸系统的直接作用在于增强呼吸肌的收缩能力。经过长期的锻炼，呼吸肌逐渐发达起来，变得强壮有力，呼吸功能便大大提高。肺活量明显增大，一般男子肺活量为 3 500 毫升，女子为 2 500 毫升，而参加锻炼的男子肺活量可达 5 000 毫升，女子可达 4 000 毫升。肺泡的弹性增加，气体交换与储存氧气的能力增强。体育锻炼可以改善呼吸系统的调节机能。有锻炼基础的人，其呼吸系统的神经调节中枢会得到改善，在应激情况下反应快，调节准确；在安静情况下呼吸深沉而平缓，频率可降至每分钟 8 ～ 12 次（一般人为 12 ～ 18 次 / 分）。此外，有锻炼基础的人对空气、温度以及异物进入气管内的反应也十分敏感。

4. 健身锻炼对神经系统的影响

神经系统调节着人体所有的活动。对于经常进行锻炼的人来说，其神经系统在功能和结构上基本都会优于不爱锻炼的人群，具有更协调、准确和灵活的神经过程，因此综合分析能力也会比较强。神经的传导速度可以通过运动锻炼来提升，人的条件反射可以在神经传递介质增加后有效提升机体的灵活性和反应速度，反应时间会明显缩短，正常人需要 0.4 秒才能反应过来的事情，热爱锻炼的人仅需 0.32 秒就可以意识到，因此他们的动作会更加矫捷。锻炼还可以让神经过程强度得以增强，提升人的注意力集中能力；锻炼也会提升中枢神经的调节能力，平衡神经过程的抑制和兴奋，提高人的抗压能力以及承受刺激的能力，对预防人的神经方面的疾病有很好的效果；由过度用脑造成的疲劳也可以通过锻炼来缓解和消除，人的紧张和急迫情绪可以在运动中释放出来，从而使人更具活力；锻炼可以使中枢神经和大脑得到更加充足的氧气和养料，从而提升人的智力，促进人的思维能力的提升。

5. 健身锻炼对内分泌系统的影响

人体各器官的机能，一方面受神经系统的调节，另一方面受内分泌的调节。后者是由人体某些腺体或组织细胞分泌的各种类型的激素来加以调节和控制的。从现实情况看，健身锻炼对人体的各种腺体结构和机能均能产生良好的影响。身体运动程度越高，肾上腺皮质的体积越大，功能越强，对冷热的适应能力和抵御病毒能力越强。在极紧张或危急关头，有锻炼基础者的肾上腺分泌速度快，应激水平高。青少年参加体育锻炼可使脑垂体分泌生长素，促进其身体正常生长发育。健身锻炼还能促进人体胰岛素的分泌，维持人体的血糖平衡。

6. 健身锻炼对泌尿系统的影响

肾、膀胱、输尿管和尿道组成了人的泌尿系统，而人可以通过体育锻炼对自身的泌尿系统形成积极影响。很少有经常进行体育运动的人患上泌尿系统疾病，如尿道结石、肾结石和膀胱结石等。长期进行锻炼的人和专业的运动员则基本不会出现此类疾病。尿液生成机能与肾脏的过滤能力可以通过锻炼身体来增强，锻炼让膀胱、尿道和输尿管等器官的肌肉具有弹性，能够更好地发挥排泄机能。

除此之外，运动健身对人的淋巴系统和生殖系统的健康也十分有利。

（二）健身锻炼可以发展身体运动能力

身体运动能力是人的有机体在运动活动中所表现出来的机能，是人的生命活力的重要标志。尽管人的运动带有与机械运动类似的性质（做功等），然而，人作为一个有机体，其运动都是在大脑和中枢神经系统的支配下，由运动系统作为执行器官，并在身体其他器官协助下完成的。人在生长发育过程中，随着肌肉、骨骼的日趋变粗、长长，关节也变得更加灵活而稳固，身体运动能力也呈增长趋势。但不能过高估计人的自然生长对身体运动能力的促进作用。事实上，人体从出生到长大成人，如果不参加任何一种形式的体力活动（如体力劳动和体育锻炼），那么他们的身体活动能力是相当低下的。劳动在人的运动能力发展中起着一定的积极作用。

人们可以通过体育运动锻炼身体来提升自己的运动能力。人的走、跳、跑等运动基础能力可以经过科学合理的体育锻炼得到明显提升，并且让速度、耐力、灵巧和柔韧度等身体素质得到更好的发展，也可以让跳高能力、短跑能力等具有专门性质的运动能力一并发展起来。中枢神经系统会在人们通过各种运动方式进行力量、速度等素质的锻炼时，对人们器官系统的机能形成积极影响，推动其水平的提升。很多人在看到奥运会等体育大赛上的专业运动员展现出超乎常人的身体素质时，往往赞不绝口，并十分羡慕或钦佩。事实上，这样的身体能力正是运动员多年来流血流汗、辛苦训练的结果。很多在某个项目中独领风骚的优秀运动员依靠的正是其多年努力练就的运动能力。

今天，人们从事的许多职业性活动，就其发展趋势来说，已由原来的以体力投入型为主转为以脑力投入型为主，然而，它仍要求人们具有良好的身体素质，以完成各种复杂的生产劳动动作和精密的技术动作。

（三）健身锻炼能够提高人的智力

提到智力，人们很容易将其与学生时代和学习生活联系起来。其实，智力与人一生的工作、学习和健康生活都有十分密切的关系。现代生产已经更多地由体力劳动转向脑力劳动，从而使智力因素在生产力诸因素中起着越来越重要的作用。人类的许多非智力因素，如气质、性格、意志、情感等，也与智力密切关联，或者发端于智力因素。老年人之所以健康长寿也有一条十分重要的经验，那就是在生命的任何年龄均不能放弃必要的知识学习和可能的智力锻炼。

健身锻炼对智力的发展有着重要的作用。良好的体质，特别是健全的神经系统，是智力发展的物质基础。一个人智商的高低与大脑的物质结构和机能密切相关。一个人经常参加体育健身锻炼，能保证大脑的能源物质与氧气的充足供应，使大脑神经细胞发育健全，分支和突起增多，有利于接受更多的信息。另外，通过体育活动，人们可以培养敏锐的感知能力、灵活的思维能力、良好的注意力和记忆力。健身锻炼后，大脑和神经系统在形态结构和机能上的适应性变化能够有效地提高人的智力，促进人的具体和抽象思维能力的良好发展。特别是根据大脑皮层机能定位有关原理进行的健身锻炼活动，更有利于大脑智力开发。反过来说，人类对智力优化的企求也会萌生出许多发展智力的健身锻炼手段。同时，健身锻炼所造成的“一时性适应”有利于提高大脑活动效率。人在参加健身练习时，脑部血液和氧气供应充足，体内各种酶的活性增强，血糖水平增高，有利于加速疲劳的消除，使人头脑清醒，思维敏捷，精神焕发。

（四）健身锻炼可以提高人体适应能力

人抵抗疾病的能力、受到伤害后恢复的能力以及适应自然等外界环境的能力都属于人的适应能力。判断一个人是否有强悍体魄的标准就是其是否具有强悍的适应能力，这种能力也是维持人类生命活动的基础能力。

作为自然的产物，人类也是存在于大自然中，并与之相互适应和相互依赖的。人类有将自然征服的能力，现代人正是过去的人类群体在和自然进行抗争的过程中逐渐演化而来的。为了能够更好地了解自然的秘密，更加合理地改造大自然，现代人不仅需要庞大的知识储备来武装自己的头脑，更要锻炼出强健的身体和坚定的意志，用强悍的身躯来应对自然的改变，提升生存能力，保证人类的发展和繁衍。所以，人们应该进行多样化的适应性锻炼，其中效率较高的一个办法就是健身锻炼。

长期在各种气候和环境（如严寒、酷暑、风雨、霜雪或空气稀薄等）下锻炼，能有效地改善有机体体温调节机能和其他相关机能，提高人对外界环境的适应能力。例如，人体在受到寒冷刺激时，体内会出现不同程度的变化，神经系统也会及时指挥全身各器官系统加强活动，产生一系列防御性反射，如皮下血管急剧收缩，减少热量的散发，以保持身体的正常体温。人体遇酷热时，神经系统又会指挥皮下血管舒张，使身体表面大量出汗来加快散热过程。在严寒与酷热到来时，有的人感冒或中暑，有的人则安然无恙，这就反映出不同的人在适应能力和整体体质水平上的差异。

人体在各种生命活动过程中，体内平衡及其与外界环境的平衡时常会遭到破坏，因此机体本身必须及时进行调整，以保证正常的生命活动。当人体调节机能不足以维持这种平衡时，就会产生各种病变。人体的各种免疫机制和各器官的调节机制对机体的各种病变有着一定的抵御和缓冲作用，从而形成了人体特有的对疾病的抵抗能力，以及病损后的修复能力。

第二节　体育健身与社会发展

一、现代社会体育健身运动发展的动因

一般而言，大众从事体育健身运动必须具备的基本条件如下。

（1）社会物质条件能够满足人们的基本生活需要。

（2）人们拥有一定的可供自由支配的时间。

（3）国家和政府对社会体育事业的倡导。

（4）人们的体育价值观念和健身意识不断增强。

（5）具有一定的社会体育指导力量。

（6）具有一定的社会体育活动条件（如场地、器材等）。

如果社会能够满足上述条件，那么体育健身运动就会得到广泛认同和积极发展。如果这些条件只是部分满足，那么体育健身运动的发展就会受到阻碍，其普及的程度和发展的速度将十分有限甚至缓慢。如果社会不具备上述条件或以完全相反的方式出现，那么体育健身运动将难以发展。

在人类几千年的文明史中，社会只具备部分或根本不具备上述体育健身运动的发展条件。

现代社会是科学技术迅猛发展，知识信息日新月异的社会，是社会生产力和人们的物质生活水平迅速提高的社会，是人的价值和能力（体力和智力）得到充分挖掘和运用的社会。简言之，现代社会是以信息和工业发展为标志，经济、政治、科学技术、文化生活高度繁荣的社会。上述各种特征为开展群众体育运动准备了良好的条件。

（一）现代社会丰富的物质财富为人们参加体育运动提供了可能

现代生产力的高度发展使人们的物质生活水平得到空前的提高。人们在满足基本生活需要之后，已经有能力拿出部分资金来满足文娱、体育等多方面的需求。在当今世界，以服务业为主要内容的第三产业正以极快的速度发展，在国民收入中所占的比例也越来越大。在我国，经济体制改革取得了积极的成果，广大城乡人民的物质生活有了极大的改善。与此相适应，我国的文化娱乐体育事业也在蓬勃兴起。我国的体育健身运动正是在这种社会大环境的推动下扬帆起航的。

（二）现代科学的飞速发展为体育健身运动激活了内驱力

现代社会的人逐渐形成了更加科学的生物心理社会体育观，体育活动在这种体育观的视角中，是一种统一了文化消费与社会精神生产的动态过程。社会、生物和心理各个因素相互交织，最终形成了多种多样的体育现象。现代人向体育投入资金和精力既是为了增强体质，也是在社会化过程中必然进行的对文化的参与和消费。所以，社会中或高雅或质朴的种种体育运动存在的目的就是让人们的社会、生物和心理需求得到满足。这一认识的深化，有力地推动着体育健身运动的发展。当然，新体育观的确立并不排斥“体育增强体质”这一根本目标。

在现代社会，人们的存在意识不断被强化，体育健身运动成为人们自我完善的有力手段。

社会发展到今天，人的价值和自我完善意识不断增强，各种有助于个人完善的手段和方法均受到人们的青睐。在这种情况下，体育也备受人们重视，成为增强生命活力、改善体型和身体姿态、培养高雅风度的有力手段。某些高雅的体育活动项目，如高尔夫球、保龄球、赛马等，也成为一些人乐此不疲的活动。网球、门球等项目除了是社会体育中长盛不衰的项目，还是人们发展社会交往网络、提高自身素质的有效手段。

（三）国家和政府采取有力措施，积极推动体育健身运动的发展

现代社会的一个突出特点是国家的总体目标与体育健身运动的目标一致。这样，社会体育健身运动就被纳入整个国家的经济和社会发展计划。在我国，党和政府始终把发展社会体育作为一项事关民族存亡的大事来抓，制定了许多有效的法规和制度，使我国的社会体育有了长足的进步，人民的健康水平大为提高，人均寿命也由中华人民共和国成立之初的35岁提高到目前的77.3岁。

（四）现代社会为体育健身运动的开展提供了良好的物质条件

飞速发展的现代社会带来了能够满足人民基本生存需求的丰富资源，这些资源也成为发展和普及体育运动的物质条件。这些年，全球各国都加强了对体育的关注，不断兴建体育场地和体育设施。中国对体育的重视程度非常高，不仅逐年增加资金投入，还努力拓宽体育资金的来源渠道，形成了多元化和社会化的体育新格局。我国对体育的深入改革还包括向社会开放更多的体育场馆等。

另外，现代社会人们的闲暇时间明显增多，也为体育健身运动提供了时间保障。

由此可见，现代社会已为群众体育运动的发展创造了十分有利的条件，是体育健身运动发展和繁荣的温床和沃土。

（五）体育健身运动有利于提高人的生活质量

社会生产力的发展不断对生产工具的更新提出新的要求。跟随生产工具的演化过程，人们经历了石器时代、青铜时代、铁器时代、蒸汽机时代、电器时代，目前已逐渐步入电子计算机和智能机时代。

在体力劳动时代，社会主要靠加大体力劳动强度来提高生产效率，即体力投入型劳动造成的疲劳是全身性的，疲劳的部位主要集中于躯干和四肢，睡眠为主要的休息方式。在机械化时代，劳动密度逐渐加大，严格的社会分工使人产生肢体局部疲劳，疲劳的部位开始由过去的肢体转向大脑，容易出现睡眠障碍。这种疲劳积累起来，就会影响身体健康。在信息化时代，劳动引起的疲劳进一步集中于人的高级神经系统，从而对劳动者的健康产生更为深刻的影响。

从生理学角度对脑力劳动进行观察，就会发现它有三个明显的特点：一是劳动者长时间伏案工作，四肢、胸廓、腹腔均处于对健康不利的位置；二是劳动者中枢神经系统长时间处于高度紧张状态，大脑对氧气和能量物质的消耗明显增多；三是劳动者机体维持相对静止状态，新陈代谢处于较低的水平，氧和能量物质的供应难以满足全身特别是大脑的需要。这种情况反复出现而不注意调节，脑力劳动者就容易患“不活动性萎缩”“神经衰弱”“新陈代谢低下”等疾病。如果说在体力劳动时代，体育活动还不是人们健康生活的充分必要条件的话，那么在当今生产力高度发展的信息化时代，体育就成为人们维持和改善自身体质和健康状况的法宝，成为人类进一步提高生产力，改造自然与社会的重要武器。从现实情况看，系统的体育锻炼活动可以有效解决人们的生活健康问题，提升其生活质量。

二、健身运动对人类生活方式的影响

（一）生活方式对人体健康的影响

哲学意义上的生活方式是社会生活中的人为满足生存和发展需要而进行的全部活动总体模式并具有相应特征的范畴。它包括人们全部生活活动的形式和特征，包括物质生活、社会生活、政治生活和精神生活。其中，物质生活居于主导地位。也有学者认为，生活方式是指人们长期受一定文化、民族、经济、社会、风俗、家庭等影响而形成的一系列生活习惯、生活制度和生活意识。

社会的生活方式具有相对的稳定性，并形成了一定的生活习惯或生活模式。但是，由于种种主客观因素的影响，生活方式的构成要素也会发生变化。现代生活方式的演变主要表现为现代生活方式与现代生产方式相适应，现代人的生活向都市化的方向发展，社会生活日益现代化、社会化和多元化，人的个性得到充分张扬。

社会生活方式的问题正在受到人们越来越多的关注。一方面，随着生活水平的提高，人们对自身生活质量倍加重视；另一方面，现代社会的生存条件对人类自身造成了极大威胁，生活方式的优劣直接关系到人类的体质与健康、生存与繁衍。

为了让因生活方式不良而产生的社会疾病得到根治，人们推崇体育运动，并将其列入大众医学。在健身疗养院、康复中心等地方，体育健身成了保养身体和预防疾病的重要措施，是人们维持健康生活的关键所在，不仅有利于人们保持良好的心理状态，还可以在一定程度上帮助人们维持健康体重等。

（二）体育健身运动是业余活动的重要内容

人们一般用生活时间度量生存活动的过程。按照一昼夜的生存活动周期，人们把一天的全部时间支出分为工作（学习）时间和业余时间两部分。一般而言，业余时间包括与工作（学习）相关联的时间、满足生理需要的时间、家务劳动时间和闲暇时间四种。

在生活时间里，闲暇时间与体育健身运动直接相关。所谓闲暇时间，是指在个人一昼夜的全部时间里扣除所有必要时间以后剩余的那部分供个人自由支配的时间。

闲暇时间绝不是可有可无的，其结构态势与整个社会的经济发展和生产方式相互关联。在农业时代，人们的生活受自然季节的支配，适应着农作物生长的自然节奏，没有固定的闲暇时间。在工业社会，闲暇时间与工作时间有了区别，但不够充分。在现代社会，由于推行了许多与社会生产相适应的工时制度，如五日工作制、弹性工作制、定期轮休制、计件工作制等，必要劳动时间被较大幅度地缩短了，闲暇时间逐渐有了增长的趋势。如何合理利用闲暇时间，提高生活质量，已经成为政府和民众普遍关注的问题。体育健身运动在人们如何度过闲暇时间方面有了用武之地。

但是，想要让体育变成真正的娱乐消遣和体质投资内容，除了要让人们拥有充足的闲暇时间，还要引导人们树立体育意识，组织更多的体育活动，让人们的体育物质条件得到满足，这样才能保证体育真正融入人们的现代生活。

（三）娱乐体育充实体育健身运动的内涵

随着人类对自然界的认识和开发的不断深化，社会自身结构的复杂化和多样化发展，个人价值和理想的进一步升华，竞争环境日趋激烈，使社会运动的时间节奏发生了由慢到快的变化。一般而言，社会的现代化程度越高，竞争越激烈，生产节奏越快。闲暇时间的逐渐增多和生活节奏的逐步加快体现了现代人生活的辩证法。

生活节奏的加快是社会发展和人类进步的必然趋势。人们只有适应它，才能在快节奏的生活中精神焕发，有所作为。

娱乐体育因为其本质特征可以和快节奏的现代生活互促互补，所以得到了大部分现代人的喜爱。轻松有趣的娱乐体育可以让人们在紧凑生活中产生的紧张和焦虑心情得到缓解；来自社会竞争的孤独也会在娱乐体育带来的融洽、温馨的人际关系中逐渐消融；当人们忘我地投入娱乐体育的游戏中时，那些郁闷和慌张的感情将被抛掷一旁，只剩下对情操的陶冶和对人生的美好体验，让人们得以短暂地超脱现实。随着人们建立起科学的体育观念，以及开拓出更多的体育健身功能，娱乐体育必将随着社会的现代化发展而更加兴盛，进一步丰富体育运动的内容。

第四章　体育文化概述

第一节　体育文化的概念与结构

一、体育文化的概念

体育文化是在文化的基础上衍生出来的，两者既有联系又有区别。体育文化是文化的下位概念。虽然体育文化的历史可以追溯到原始社会时期，但“体育文化”一词却是近代才出现的。德国学者费特在 1818 年所著的《体育史》中最早使用了“体育文化”这一概念。之后，作为一种独特的文化形态，体育文化的内容逐步丰富，科学特征不断强化，不仅反映了社会变革的客观规律和发展轨迹，还折射出人类追求文明、注重和谐的文化趋势。

笔者经过比较与分析认为：体育文化是指体育活动和体育实践中形成的价值观念、知识能力、风俗习惯、体育道德、行为规范、体育理论、体育政策和物化产品等。可以从以下三个方面理解体育文化的内涵。

一是体育文化属于体育领域及其发展过程中所形成的社会意识形态。

二是体育文化是体育活动范畴中一切文化现象的反映。文化作为一个系统，是一个由民族文化、区域文化、社区文化、园林文化、服饰文化、企业文化、饮食文化、民俗文化、茶文化、酒文化、节事文化、花鸟文化、居住文化、体育文化等众多文化所构成的复杂的统一整体。

三是体育文化应反映体育文化发展变化及其规律。世界上的一切事物、一切现象都不是孤立的、静止的、完全不变的，而是在相互联系、相互制约中不断发展变化的，且这种发展变化是有规律可循的。体育文化作为社会现象的一个有机组成部分，也不是静止不变的，而是同样处于不断发展变化的动态过程中，存在一定的客观规律性。

二、体育文化的结构

由于体育概念本身有丰富的内涵，人们对体育文化认识多有不同。一般认为，体育文化由以下三个层次结构组成。

（一）体育文化的深层结构

体育文化的深层结构指与体育有关的哲学思想、价值判断、健康观、审美观、意识形态等构成的思想体系，其功能是决定着体育文化具体形态的存在依据、发展原则和发展方向。

（二）体育文化的中层结构

体育文化的中层结构指由一系列与体育有关的制度和组织要素构成的组织体系，决定着体育文化的组织结构和操作效率。

（三）体育文化的表层结构

体育文化的表层结构指将深层的体育观念通过中层组织结构付诸实践的操作体系，表现为体育文化的外部形态和外在特征，如具体的健身行为、运动竞赛、体育设施的设计等。

人的一切社会行为包括体育行为都是有目的的，有意识的，因此体育文化的深层结构是一切体育行为的根本原因；处于中层的结构组织体系是连接体育思想与体育行为的中介；表层的操作体系则是体育思想体系的具体物化过程。这种物化的结果具有对体育思想体系进行修正的反馈功能。

总之，竞争是体育运动的核心。体育的竞争包含着广泛而深刻的、对人类认识能力和创造能力的挑战。这种挑战意识可以明显地迁移到广泛的社会生活中。对体育文化特征的了解，有助于构建现代人所需的努力拼搏、不断创新、百折不挠、公平竞争和团结协作的重要精神谱系；艰苦卓绝的训练和比赛可以锻炼人的意志和胜不骄、败不馁的顽强韧性；比赛中的胜负得失涉及集体、地区甚至国家的荣辱，能够培养人的责任心、使命感和爱国心；面对强劲对手，要不断地超越自我，超越对手，促使人们增强危机感和竞争意识，不断地向更高目标奋斗；严格的比赛规则，可以引导人们养成维护道德规范、遵纪守法的美德。体育文化是人类社会文化的特殊组成部分，它的兴衰直接反映着社会政治、经济的发展；它的荣辱直接反映着国家、民族的精神，体现着民族自尊。人类追求公平竞争，重视民族自尊的精神，在体育运动中得到了完美的体现。

第二节　体育文化的特点与功能

一、中华民族传统体育文化的特点

（一）中华民族传统体育文化的特点

1. 中华民族传统体育文化的多样性

第一，中华民族传统体育文化自然环境的多样性。中华大地的自然环境处于中华民族传统体育文化的最显层，属于内陆型，东临太平洋，西有青藏高原，呈三级梯形。南北以秦岭、淮河为界，东西也有“中华对角线”。地形地貌复杂多样，形成了东部低山平原大区、东南低中山地大区、中北中山高原大区、西北高中山盆地大区、西南亚高山地大区和青藏高原大区 6 个地貌大区和 38 个地貌小区。考虑生物多样性保护过程中在以地貌为主体的地理单元差异性基础上，中国地貌可以分为东部季风淋蚀地貌大区、西北干燥风蚀地貌大区、青藏高原高寒冻蚀地貌大区、南海诸岛地貌大区 4 个地貌大区，大、小兴安岭和内蒙古高原等 40 个地貌地区，完达山、老爷岭和张广才岭等 127 个地貌亚地区，以及 473 个地貌区。如此可见，中国的气候、水文、土壤、植被、生产生活方式丰富，进而形成了多样的民族传统体育文化活动。

第二，中华民族传统体育文化活动种类的多样性。中华民族具有多种多样的自然环境，因此形成的传统体育文化活动的种类也十分丰富。

第三，中华民族传统体育文化活动组织形式的多样性。中华民族传统体育文化至少有以下几种形式：节日性形式、日常性形式、职业性形式和学校形式。

节日性形式组织的传统体育文化活动往往具有悠久的历史传承，承载着丰富的人文历史故事（主要目的为世俗的娱乐性），节日期间会有众多的传统体育文化活动竞相开演，成为一种“文化记忆”。例如，在唐代就有上元节观灯夜游、踏歌，上巳节郊游踏青，清明、寒食日蹴鞠斗鸡、拔河、打秋千等，端午节赛龙舟，重阳节登高，除夕歌舞驱傩等习俗。当前，我国也有春节舞龙、舞狮、扭秧歌，清明节荡秋千、拔河、踢毽子，端午节赛龙舟等活动。

日常性形式组织的传统体育文化活动往往在闲暇时间进行（主要目的是健身休闲），参与人群主要为中老年，其中以退休老人为最。其主要活动内容是节奏较为缓慢、运动强度较小的太极拳、太极剑、木兰拳等。这种形式的组织非常松散，自愿参加，很少有纪律约束。

职业性形式组织的传统体育文化活动具有专业性、表演性、惊险性和刺激性，水平也往往较高，在中国古代属于街头卖艺的行当，如宋代就有踢法多样的蹴鞠运动，多是为了“求觅铺席宅舍钱酒之赀”。另外，在现代的一些旅游胜地也存在这种组织形式的带有职业目的的传统体育文化活动的表演。而最为明显的如现代的武术、搏击俱乐部，职业化更加明显，组织机构十分完整，而且有十分严密的制度规则约束，往往与现代媒体结合紧密，以赛事的组织形式定期进行。

学校形式组织的传统体育文化活动往往要经过选择、加工、整理（目的是文化传承、健身娱乐），参与人群主要是学生。在中国古代，此类活动的组织者往往是地位较高者的子弟所在的官学（六艺中的射、御）。而在民间私塾中也有一些游戏性的传统体育文化活动。在中国现代的各级各类学校中，传统体育项目主要是武术中的长拳、简化太极拳等。

2. 中华民族传统体育文化的差异性

差异性也可理解为中华民族传统体育文化生态的不平衡性。这种差异性或者不平衡性是由于不同的自然生态环境产生了不同的生产生活方式与不同发展程度的文明水平，结果产生了不同民族的不同质或者同质异构的风格不同的民族传统体育文化。另外，中华民族传统体育文化生态与国外民族传统体育文化之间也有差异性或者不平衡性。这种差异性或者不平衡性是中华民族传统体育文化生态绵延不断的动力源泉，在不同历史时期有不同表现。

第一是东西之异。中国的东部主要是指黄河下游民族传统体育文化生态区（第十二区）、长江下游民族传统体育文化生态区（第十区）、珠江流域民族传统体育文化生态区（第八区）、闽台民族传统体育文化生态区（第九区）。而西部是指以高山为障的西北民族传统体育文化生态区（第三区）、青藏高原民族传统体育文化生态区（第四区）、云贵高原民族传统体育文化生态区（第六区）。不同的自然地理环境导致东、西部文明有了差异。

第二是乡村与城市之异。乡村与城市之间的民族传统体育文化生态的差异，同样是因为它们的体育理念、组织形式与制度规则的不同。

3. 中华民族传统体育文化的兼容并蓄性

中华民族传统体育文化生态绵延不断是因为其有着兼容并蓄的博大胸怀，能够将外来的传统体育文化吸纳、消化而成长，并且内部各个民族的传统体育文化也能够相互吸纳、消化而成长。可以从三个重要时期来说明这种兼容并蓄的中华民族传统体育文化生态。一是两汉时期。张骞“凿通”西域后，逐步形成了将中国、中亚和欧洲联系在一起的“丝绸之路”，促进了沿途经济的繁荣，推动了文化交流。二是隋唐时代。唐代长安体育文化作为中华民族传统体育成熟的标志，在当时世界五大文明陷入禁欲主义蔑视肉体的泥沼时，成为荒漠中的“绿洲”。其主体是由以西部秦晋体育文化为主导的齐鲁、楚汉和吴越文化相融合而形成的。而其形成与丝绸之路上的陇右地区体育文化对域外体育文化的解读和转型的中介作用是分不开的。三是清末民初。中华民族传统体育文化生态产生了一定的改变。典型的中华民族传统体育文化——武术，摈弃了宗派门户之见，成立了各种武术组织，如由霍元甲组建的“精武体育会”，在没有政府拨款的情况下，持续了相当长的时间，国内外分会会所曾经达到38个，会员数万人。

（二）中国现代体育文化的特点

体育文化不只具有体育属性，还具有丰厚的文化属性。结合文化和体育文化的概念可总结出现代体育文化具备以下特征。

1. 中国现代体育文化的发展和形成是一个长期的过程

通过对体育文化概念和形态的分析，可以看出，体育文化的形成并不是一个顺利的过程，而是经过长期的积累和发展，才最终形成的。在体育文化发展的初级阶段，即前体育文化形态中，可能根本就不存在“体育”这个词，只是一些最初的体育现象和一些类体育活动而已。到了现代，体育文化的内涵和外延已经比较丰富，得到了一定程度的发展，很多专家和学者对体育文化的功能和价值、体育文化的形态、体育文化的发展变迁、不同体育文化的比较等进行了深刻而广泛的研究，并且从前体育文化形态一直研究到现代体育文化形态。体育文化经过了数千年孕育，才有了人们今天所看到的形态。由此可见，体育文化的发展和形成是一个漫长的过程。

2. 中国现代体育文化要想得到继承和发展，必须走“体育教育”和“体育文化传播”的道路

与大部分的普通文化相同，体育文化也需要依托载体进行传播。一方面，体育文化的体育属性非常明显，与体育项目等息息相关。学校中的体育教育可以让人们从小便接触体育运动以及体育文化。人们可以在学校中体验和接触多种多样的体育运动项目和方式，也可以在体育运动中对体育场地和设施有更加深刻的了解。在进行体育活动时，人们会逐渐深入地感受体育文化的内涵与精神，而这种亲身体验就是对体育文化的发展和传承。另一方面，体育文化传播也是继承和发展体育文化的一个重要途径。在现代社会，各类体育文化活动和竞赛的组织性极强，传播范围极广。在奥运会、世界杯以及各类洲际竞赛中，各个国家和地区的代表队、运动员之间的沟通、交流与商讨，在很大程度上就是一种体育文化的输送和传递，而各类媒体通过电视转播或者报道，可以将任何一个国家和地区的体

育文化活动传播到另一个国家和地区，促进了各个国家和地区的文化交流，完成了体育文化的全球化传播，保证了体育文化的继承和发展。

3.我国现代体育文化同时具备民族性和世界性

从地域的角度来划分，现代体育文化主要分为东方体育文化和西方体育文化。无论哪一种体育文化，可以明确的是，它既是民族的，也是世界的。

一方面，体育文化是民族的。每个国家都有独特的体育文化活动。我国有五十六个民族，不同的民族都有着独具特色的体育文化活动。例如，土家族的竹马、傣族的泼水节、哈尼族的荡秋千等，都具有浓郁的民族特色。另一方面，体育文化也是世界的。不同的体育文化从不同的地区和民族中产生，具有不同的体育形态、不同的体育内涵和外延。不过，不管体育文化具有什么样的形态、内涵和外延，一旦形成，它就是全世界共享的体育文化。以奥林匹克运动为例，它是从希腊产生的，具有较强的民族特征，可是随着时代的不断发展，目前它已经发展成为近现代体育文化的主流和核心，成为被世界各国、各地区普遍接受和认可的体育运动和体育文化。

二、体育文化的功能

（一）修养功能

人的个性、意志等精神品质就是人的修养。人们的生活节奏和生活容量随着现代社会的快速发展具有了高频率、高密度的特点，因此现代人为了适应社会发展，必须提升自身的心理素质和个性品质。只有具备优良性格品质的人，才能更好地适应社会发展，并为现代社会的发展做出更多的贡献。而体育运动和其他方式相比，具有显著、直接地塑造个体人格的教育文化功效。一方面，大部分的体育运动都是竞赛和对抗类的活动项目，可以让人们在参与过程中锻炼出勇敢、顽强、自信和机智的品格。另一方面，体育运动的目的是共同进步和增进友谊。人们可以在运动中培养宽容、坦诚、互爱、谅解等品质，也可以增强集体观念，提升纪律性和组织性。体育运动的过程本质上就是克服自我、战胜自我、净化自身、提高自身的过程，能使人在某一种体育行为的磨砺和体育精神的陶冶中，渐渐形成积极、健康的心理定向，以完成人格的升华。这就是体育运动对人格塑造的意义所在。

众所周知，人格的发展是在文化适应中完成的。人是文化的创造者，也是文化的产物。人生于文化中，为文化所拥有，文化模式限制了人的发展。具体地说，人是特定文化模式的产物，每一种文化都可归纳出一种与之相应的主导人格类型，这是一种人格心理特征在规范、组织、习俗和制度上的反映。要使文化作用于人格，就必须通过某种社会形式来实现，体育运动便是一种社会形式。体育运动正是通过作用于人、培养塑造一定标准规格的人来实现文化的积淀、传递、选择和创造的。因此，体育运动的本质是陶冶人性，塑造人格，服务于人的身心发展和人格完善。

全面发展人格的目的是培养出健全的人，让一个人的机体、精神意志、思维智能以及道德得到和谐而全面的提升和发展，这符合新时代提倡的“以人为本”的观念，是在进行现代科技革命时，体育运动必须具备的社会功能。体育可以让人逐渐形成完善的人格，能够锻炼人的情商、智商和健商，让人们的人格更加完善，并为社会发展贡献力量。

（二）经济功能

体育文化与社会经济发展随时保持同步的关系。我国的体育文化发展到今天，并不是一蹴而就的，而是经过了两个重要的发展时期：第一个发展时期是 20 世纪 50 年代中期至 60 年代中期，第二个发展时期是 20 世纪 80 年代初期至 90 年代初期。在第一个发展时期，我国的游泳、举重、田径、乒乓球等项目的优秀运动员率先突破，实现了夺取世界冠军和打破世界纪录的壮举，涌现出吴传玉、陈镜开、郑凤荣和中国乒乓球队等榜样，也出现了展现体育精神的电影、电视作品，如《水上春秋》《冰上姐妹》《女篮 5 号》《女跳水队员》等，对我国的体育精神予以了呈现和宣传，具有鲜明的、超越体育领域的社会正能量。在第二个发展时期，我国的女排、体操、跳水、射击、举重等项目的优秀运动员取得了很多世界体坛公认的优异成绩，李宁、郎平、容志行、许海峰、高敏等人更是家喻户晓。在每届奥运会之后，人民大会堂都会举办“拼搏之歌”奥运会报告会，激发人们的爱国热情。与此同时，奥运纪念邮票、关于体育文化的报告文学出现。由此可见，体育文化能够在一定程度上带动人们的工作热情，为经济建设掀起新一轮的风浪。

（三）社会功能

体育文化的社会功能是非常重要的，决定了体育文化的长远发展。在对体育文化进行研究时发现体育文化是与社会紧密结合在一起的，并且对社会发展和人们生活的改善有着非常重要的意义。具体来说，体育文化的社会功能包含如下几个方面。

首先，体育文化在人的全面发展方面具有非常重要的意义，能够提高国民的整体素质。

世界各国之间的竞争实际上是人才的竞争，所有国家都想抓住有利机遇，加快培育在世界上具有更强竞争力的全面发展型人才。竞赛是体育运动的中心，体育的竞赛包含着广泛而深刻的意义，能够对人的认知能力和创造能力进行挑战，这种挑战意识能明显地扩散到广泛的社会生活中。目前，社会需要的人才应具备的各类精神大都可以通过体育教育培育出来，如坚韧不拔、努力奋斗、坚持创新、公平对抗以及合作的团队精神等；在经过了艰难辛苦的训练和比赛之后，人的毅力会有所提升，并且形成胜不骄、败不馁的坚强耐性；当竞赛的胜负事关团体、地区甚至国家的荣辱时，人的责任意识、使命感和爱国情怀会被激发出来；在遇到对手时，人会不断努力，从而超越对手，超越自我，产生危机意识以及竞赛意识，为更快、更强、更高的高标准而努力；而严格的竞赛规则与公平的裁定判决可以促使人形成遵纪守法、维护道德规范的美好德行。由此可以看出，人的全面发展离不开体育运动。

其次，体育文化能够丰富人们的日常休闲生活，对全民健身活动起到促进作用。在社会经济发展的带动下，人们的生活水平不断提升，生活方式也发生了很大的变化。在物质生活得到满足的同时，人们对于精神文化的要求也不断提升，因此需要参与更加广泛的体育文化活动。体育文化是人类文化的重要组成部分，参加体育文化活动能够有效丰富人们的业余生活。例如，当前很多中老年妇女在业余时间到广场跳广场舞，不仅锻炼了身体，也在城市中形成了一道亮丽的风景线，并在世界范围内引起了激烈的讨论。

最后，体育文化能够体现公平竞争原则，对民族自尊进行展现。在历届奥运会中，我国选手都有非常优异的表现。这使得我国在国际社会上的地位越来越高。

（四）和谐功能

一个事物在发展时符合规律，并且具有平衡性、协调性和一致性，便是处于一个和谐的状态中。作为一个有机体，社会包括了政治系统、经济系统、文化系统以及社会生活系统。和谐的社会运行就是每一个社会系统以及系统内部各层次的子系统之间互相平衡与协调，并且满足“自然历史过程”的状态，这种状态的综合体现就是和谐发展。作为社会文化不可或缺的一部分，体育在很大程度上促进了人类社会的进步与发展；体育与政治的关系是相互影响、相互作用的；体育为政治目的服务，而政治的需要制约着体育的目的和性质；体育对经济有一定的依赖性；体育是教育的重要组成部分；体育能够促进人的德、智、体的和谐发展；体育是一种特殊的文化，通过这种文化力量，人类的自我得以完善，身心得到健康发展。

第三节　现代体育文化的发展现状与展望

一、现代体育文化发展现状

（一）竞技体育地位稳固

竞技体育是人类展现和发挥自身潜能的重要体育形式。在人类进化的历史上，竞技体育所起的作用不容忽视。如今，竞技体育发挥着越来越重要的作用，承担的责任和使命也越来越重，具体体现在以下几个方面。

（1）竞技体育是运动天才展现自身技能与优势的载体。

（2）竞技体育是国家之间交流沟通的重要舞台。

（3）竞技体育是世界各国进行经济竞争的主要战场。

（4）竞技体育是体育爱好者的观赏和娱乐对象。

（5）竞技体育是哲学家对人类精神和命运进行研究时的重要思考对象。

（二）健身健心势头强劲

体育锻炼可以有效地延长人的寿命，并让人长期保持在充满活力的"黄金时期"，而不是一身疲惫、百无聊赖地生活下去。因此，人们通过体育锻炼对健身以及健心的重要性产生了更加深刻的认识。

随着体育的健身功能和娱乐功能被越来越多的人认识并重视，体育的发展呈现出了社会化、生活化、娱乐化及终身化的趋势。现在人们对参加体育健身锻炼十分热情，而且大众体育的发展势头迅猛。不同年龄群体、性别群体及职业群体都将健身运动作为自己生活的一部分，作为生活的调节剂。

（三）体育教育追求终身体育

随着教育的深入变革，体育教学与训练面临的新课题也越来越多，并直接促进了体育教学训练体系的丰富与完善，这主要体现在以下几个方面。

（1）体育教师要教会学生如何做合格的终身学习者和终身体育锻炼者。

（2）体育教师不仅要将基本的锻炼方法教给学生，还要鼓励与引导学生找到适合他们自身情况的体育锻炼方法，掌握更多的体育锻炼技能，养成良好的体育锻炼习惯。

（3）体育教师要引导学生学会通过多种渠道获得新锻炼信息的方法，并提高学生运用新信息的能力。

（4）体育教师要培养学生的自我保健意识与保健能力。

为素质教育的进一步深入，我国对现行义务教育以及高中课程的情况进行了全面的调查，发布了新的课程改革文件和政策，从而让课程方案与体育课程有了新的标准。通过在全国范围内实施体育改革方案，体育教育和素质教育的发展得到了有力的保障。

改革后的体育课程与传统体育课程相比，表现出以下特点。

第一，对学生的学习主体地位更加重视，并以“健康第一”作为体育教学的首要指导思想。

第二，对学生的体育兴趣、体育情感等体育素养的培养更加重视。

第三，注意培养学生的良好学习习惯，促进学生体育学习能力的提高。

第四，随着年级的升高，学校师生对体育教学内容的选择更加广泛。

体育课程改革激发了学生的学习积极性，使学生能够更好地掌握和更有效地运用运动技能，这对学生的健康成长与全面发展非常有益。

（四）体育产业势不可当

在21世纪，各国之间的竞争已经不再是传统意义上的军事力量的较量，而是各国在综合国力方面的较量。综合国力包括军事、政治、经济、文化、教育等各个方面，其中经济的竞争是第一位的。在经济的影响下，各国纷纷开发体育产业，提高体育经济发展水平，以此为渠道提升本国的综合国力。可以说，当前世界体育产业的发展日新月异，势不可当。这一点主要表现如下：体育资源的商品化趋势越来越明显；人们通过体育旅游愉悦身心，满足更高的需求；人们参与体育探险，培养自己坚强的意志与健康的心理；健身器材产业繁荣发展；人们追求新型时尚的体育服装；人人都在为健康投资；等等。

随着经济全球化趋势的进一步加深，体育资源更加国际化。目前全球体育行业大多采用通过丰厚待遇、优惠条件以及看得着的事业吸引国外高水平的运动员和优秀的教练员到本国来的常规做法。我国许多优秀竞技人才，如跳水、体操、乒乓球等领域的优秀人才也被输送到世界各地。由此可见，优秀体育人才在全球范围内相互流动已经成为主流趋势。

体育资源的国际化除了体现在体育人才的流动方面，还体现为各国向竞技体育强国派送教练员、运动员和后备人才，使他们接受更高水平的培养和训练，促进其竞技水平的提高。

在全球化新时代，体育和体育人有国家，无国界。这就为竞技体育的发展提供了新的机遇，并直接促进了体育资源的国际化发展，对提高竞技体育文化的发展水平具有重大意义。

（五）体育科技飞速发展

科技在体育发展历史中的作用可谓举足轻重。随着世界科技的进一步发展，通信技术、互联网技术以及闭路电视系统等科技被广泛运用到体育领域中，为体育的发展提供了强大推力，比如根据生物力学对体质、健康以及动作技术进行测量和分析，通过管理报告系统获取比赛信息数据等，这些功能都和相关科技的发展关系密切。

在当代，奥运会已经发展成为全球规模最大的一项人际交流活动，而这场活动的开展必然离不开多系统和全方位的高科技的支持。围绕奥运会举办的所有活动，或多或少都包含这样或那样的科技因素，如运动员科学训练、运动员生活保障、比赛场馆设计、比赛装备革新、赛事组织管理、违禁药物检测等，都与相应领域的科技成果分不开。

另外，科技因素在其他竞技项目中的运用也使竞技比赛更具有神采、魅力及观赏价值，如鲨鱼皮泳衣在游泳比赛中的运用就意义非凡。现代化的游泳池越来越高科技，采用了大量的高科技材料。这样，游泳运动员在比赛中就不容易受到水波起伏的影响。总之，科技在体育运动中无处不在，科技对体育运动的作用不容忽视。

二、现代体育文化的发展展望

（一）体育文化发展的产业化特点突出

随着时代的发展，体育产业化发展已成为历史趋势，体育产业的发展已成为国家经济增长的重要支撑点，体育文化不断创造出巨大的精神财富，也必将创造出巨大的经济财富。无论是国内市场还是国际市场，体育文化产品在其中发挥的作用越来越明显。例如，日益激烈的球市在世界范围内蓬勃发展，还有大大小小的商业体育比赛，更是充斥人们生活的各个角落，给人们的生活增添了无限乐趣，更为企业团体增加了无限财富。体育产业化发展也是我国市场经济改革的重要组成部分。相信只要我国体育文化产品坚持走市场化、产业化道路，体育文化必将拥有无限的发展动力，必将拥有无限广阔的发展前景。

（二）体育文化的全民化趋势明显

随着社会的发展和人类的进步，一种积极向上的人生观在现代人心中普遍存在。追求健康，追求美丽，追求外在气质的高雅独特，这些通过体育锻炼都能实现。另外，现阶段的体育文化内容丰富，种类繁多，且多具有较高的审美价值和观赏价值，成为人们在繁忙的工作之余，放松心情、缓解压力、释放自我的最佳选择。因此，在闲暇之余，人们普遍会关注体育，参与体育，以强身健体，愉悦心情。在信息时代，体育文化通过电视、报纸、网络等形式广泛传播，各国大大小小的体育赛事每天都在进行，这为人们关注体育、参与体育提供了便捷途径。体育文化的全民化发展成为必然。国务院印发了《全民健身计划（2011—2015年）》《全民健身计划（2016—2020年）》《全民建身计划（2021—2025年）》，呼吁全民参与健身，增强全民健身意识，保证全民健身的合法权益。这是我国全民健身的决心，是中央对全民健身的重视。在中央的大力提倡下，在群众的大力支持与广泛参与下，我国体育文化的全民化程度将越来越高，体育强国不是梦。

第五章　全民健身背景下休闲体育文化的建设

第一节　全民健身与休闲体育

一、休闲体育是我国实现全民健身计划的重要途径之一

《全民健身计划纲要》是一个由国家宏观领导、社会各方面支持、全民共同参与的有目标、有任务、有措施的体育健身计划，它是与实现社会主义现代化目标相配套的社会系统，是跨世纪体育发展的战略规划。全民健身活动要持之以恒，就必须使参加者体会到活动的乐趣。而休闲体育趣味性强，活动气氛轻松，最易使参加者获得乐趣，同时为积极引导大众休闲生活朝着健康的方向发展创造了有利条件。因此，在实现《全民健身计划纲要》的具体目标时，休闲与健身相结合的休闲体育活动是一条重要途径。

二、休闲体育是一种积极的体育锻炼健身方式

休闲体育不仅能增强人的健康，还能使人高度紧张的神经得以放松，保持良好的心理状态。运动的激励还可以增强人的自尊心、自信心和自豪感，增添生活情趣，让人们从内心深处真切体会到体育锻炼的趣味性，真正了解和体味体育锻炼的意义及体育强身健体、娱乐身心的功能。因此，在具体的生活实践中，积极参加休闲体育锻炼活动将有力地促进全民健身运动的开展。

三、休闲体育能够推进全民健身的普及

物质文明和高科技的发展可以为职业娱乐体育和大众娱乐体育提供必

备的场地、器材、设备，同时能不断给人带来崭新的观念。大众娱乐体育水平的提高会促进娱乐体育竞技水平的提高，为职业队输送更多的人才。同样，职业娱乐体育活动的高技艺也对大众娱乐体育提出了更高的要求。随着社会的发展，人们逐渐由观看别人比赛转为自己亲身体验运动的乐趣。从这一层面看，休闲体育作为一种高质量、高品位、高层次的体育娱乐活动，必将吸引成千上万的青少年及中老年人投入全民健身的行列。

四、休闲体育符合全民健身的要求

休闲体育活动是一种人们在工作之余放松身心的有效方式，其充分体现了人文关怀，能够使大众全身心地投入其中，从而满足全民健身、娱乐的实际需要。在进行休闲体育活动时，轻松的氛围和科学的锻炼能够帮助人们有效减轻在快节奏生活中产生的紧张情绪，暖化人与人之间的关系，减少现代社会中的隔阂、孤独感。可见，休闲体育符合全民健身的要求。

第二节　休闲体育文化的理论体系

一、休闲体育文化的概念与特征

（一）休闲体育文化的概念

休闲体育文化是人们在休闲体育运动实践中创造并享有的物质实体、价值观念、制度规范及其行为方式。其内涵具有多样性，主要表现在三个层面，即物化层面、价值观念层面和制度规范层面。

1. 物化层面

休闲体育文化在物化层面上具有丰富的内容，具体体现在人造物和自然物两个方面。

（1）人造物。在休闲体育中，人造物的主要作用是使人们更好地参加体育活动。一般情况下，人们对人造物的命名主要以其功能与作用为依据，如各种各样的球场和体育馆、各种球类用具等。

（2）自然物。休闲体育中的自然物指的是经过人为改造之后产生的自然物，而不是纯粹的自然物。人们改造自然物的最终目的是使自身锻炼健身的需要得到满足。

2. 价值观念层面

在价值观念层面上，休闲观念与体育观念是休闲体育文化价值观念的重要内容。对此，人们可以从以下三个方面认识与了解。

（1）人们在参与休闲体育活动的过程中会将自己对休闲体育的见解和态度充分展现出来。

（2）人们在参与休闲体育活动的过程中能够表现出自己对不同休闲方式的倾向性，这也从一个侧面反映了人们对休闲体育价值的认识。

（3）人们在参与休闲体育活动的过程中会不断加深对休闲体育文化价值的认识，并积极主动地对休闲体育价值体系进行挖掘和创造。这对休闲体育文化价值的弘扬与发展是非常有意义的。

3. 制度规范层面

通常情况下，社会制度规范体系的特点能够通过休闲体育表现出来。这主要体现在以下几个方面。

（1）在现代社会背景下，社会对人们各种行为的评判倾向可以通过休闲体育文化体现出来。

（2）人们在参与休闲体育活动的过程中必须遵循既定的准则，否则就失去了必要的秩序。体育法规对人们的体育行为进行约束，也对人们参与体育运动的权利加以维护。

（3）为了使人们参与共同活动的权利得到保障，不同的休闲体育活动项目都有统一的活动方式和规则要求。这有利于规范人们的休闲体育行为。

（4）人们可以从两个方面看待休闲体育运动：一方面，休闲体育活动不仅使人的本能运动需求得到了满足，还促进了人与自然的接触和交互，使人的自然属性表露出来；另一方面，休闲体育运动的锻炼方法大多已经完成社会化的改良处理，能够同时满足人们的运动需求和其他具有社会性质的需求。

（二）休闲体育文化的特征

文化既是一种社会现象，也是一种历史现象。休闲体育文化作为文化的一种，同样具有人类文化的共性特征。

1. 休闲体育文化的民族性与世界性

每个民族的文化都有着不同于其他民族文化的特点，这就是文化的民族性。特定的民族在历史上由于生存区域、生存环境、生产和生活方式、文化积累和传播等的不同，会产生不同于其他民族的休闲体育文化。

当然，在当今世界，文化是属于全人类的。随着文化全球化的发展，各民族文化的交流与交融日趋明显。纯粹的、独立的民族文化是不存在的，人类文化在最核心层面上存在质的相似性。这也是文化能够交流与交融的前提条件。同时，任何一个民族所创造的文化都是人类文化的组成部分。由此可见，休闲体育文化的民族性与世界性是辩证统一的，一个民族的文化特征越鲜明，形式越独特，它对世界文化的价值和意义就越大。

2. 休闲体育文化的继承性与时代性

文化具有延续性，文化的继承过程也是文化的积累过程。我国的休闲文化具有悠久的历史，中国传统哲学中早已有这种“依木而休”的人生观念，从老子的《道德经》、庄子的《逍遥游》，到陶渊明的“采菊东篱下，悠然见南山”，无不反映了我国先哲创造性、审美性的生活态度。而且，这种观念及一些休闲方式一直延续到了今天。

不同的时代流行不同的文化潮流，各种文化在历史的波澜中不断交织变幻，展现着不同的时代特征。休闲体育文化同样具有十分鲜明的时代特征，及至近现代，健身从传统的“弯腰伸腿”发展到各种健身器械。20 世纪末，收音机、电视机、照相机等休闲设备逐渐走入中国广大家庭。近年来，随着生活方式的变化，旅游在中国人民的生活中所占的比重越来越大，一度成为人们最向往、最热衷的休闲方式。一般而言，中老年人喜欢通过农家游、自由游的形式放松身心，而青年人更喜欢户外探险，感受大自然。

另外，休闲体育文化除了具有人类文化的共性特征外，还具有自己独特的文化特征。

（1）休闲体育文化的娱乐性。娱乐是体育运动的基础。娱乐是人类在基本的生存和生产活动之外获取快乐的非功利性活动，它包括生理上获得的快感，当然更主要的是心理上得到的愉悦。在快乐中追寻健康，体现对人的尊重和关怀，满足人的心理欲望和精神需求，使人的身心达到新的平衡，这是休闲体育文化独具的娱乐性特征。

（2）休闲体育文化的艺术性。在我国古代，人们追求的“悠游”状态是一种精致的艺术化的生活。先贤热爱自然，游山水、筑园林，嗜茶酒、谙美食，着蓑衣、披僧袍，读闲书、做雅事。

休闲体育活动发展到现代已经产生了丰富的内容和形式。如今，人们不仅能亲身参与体育活动，还能随时随地观看各种高水平的体育竞赛活动。活动项目也不再单一，除了跑步、体操，还有游泳、爬山、极限运动、球类游戏、健身操以及电子竞技游戏等。我国对一些适用于休闲娱乐的传统体育活动进行了大胆的改革，尝试着使民族传统体育项目向大众化、平民化的方向发展，使之变得更加直观、宏大，具有文艺性特质。

（3）休闲体育文化的个体性。随着休闲时代的到来，体育开始面向以国家民族利益为重、长远关注每个人发展的立体层次。它不仅要为群体服务，还要考虑微观的个体的需要。当体育的社会角色从为了群体生存拓展到为了个体健康的时候，当体育不再强调为培养生产工具或政治工具服务，而是回到马克思主义倡导的培养全面发展的人的终极目标的时候，体育从满足群体需要到满足个体需要，作为人人都应该享有的平等权利，将成为个体的终身需要和全民的永恒需要。

休闲体育文化的个体性主要体现在两个方面。一方面，在活动的选择上，具有较强的个性特征。休闲体育是在工作、学习之余参加的体育锻炼，不需要按计划或技术动作要求去做，也不需要按规定时间、地点和场地进行。人们可以根据自己的性格、兴趣和能力选择休闲体育活动项目。另一方面，休闲体育活动是人们在闲暇时间进行的，并以个人的兴趣为前提。所以，在参与方式上，休闲体育以个人或小群体的活动形式为主。

（4）休闲体育文化的泛竞技性。竞技和体育的关系是一个长期争论不休的问题。从体育人类学的角度看，竞技活动的盛行早于体育观念的产生。如果说游戏是休闲娱乐的灵魂，那么竞技就是激素。英文的 game，兼有游戏和竞技的意思；sport 虽有较为纯粹的体育性质，但仍然不能去掉游戏的趣味。至于经济学上的博弈论（the theory of game），则带有竞争和博弈的含义。因此，这里所说的竞技包含了 game、sport、competition、play 等意义。休闲体育的竞技不仅仅是体育运动意义上的竞技，更是一种和自然或自身的竞争与博弈。这种竞争不一定很激烈，也不一定很明显，却一定是存在的。

二、休闲体育文化的类型

每一种休闲体育文化都显示了它别具一格的特色，并使一种休闲体育文化共同体区别于另一种休闲体育文化共同体，从而构成了不同的休闲体育文化类型。

划分休闲体育文化类型较为常见的方式是以“时空坐标”为基础展开，或者侧重不同休闲体育文化特质的区域间的差异，或者注重休闲体育文化发展过程的变化。也就是说，休闲体育文化的类型不能脱离其客观性而任意划分。

促成休闲体育文化类型多样化的根本原因在于，休闲体育文化本身具有显著的客观多元性。从文化学层面来看，文化隔离也可以被视为划分文化类型的重要客观依据，而对休闲体育文化来说，体育隔离的作用同样如此。体育隔离机制能够促使民族体育定型并进一步传承和发展，是一种相对独立化的制衡系统，它能促使不同时代、不同地域、不同民族的体育文化保留其固有的思想观念和物化方面的本质差异。

休闲体育文化类型是从不同角度对文化形态所做的划分：从内容上，

可分为物质、制度、精神文化；从性质上，可分为世界、民族、阶级文化；从时间上，可分为古代、近代、现代和当代文化，或分为原始文化、奴隶制文化、封建文化、资本主义文化和社会主义文化；从空间上，可分为本土文化和外来文化，或分为大陆文化和海洋文化，或分为城市文化和农村文化，或分为东方休闲体育文化和西方休闲体育文化等。

第三节　休闲体育文化价值的实现途径

一、休闲体育文化价值实现的可能性分析

我国休闲体育文化价值的实现，并不是偶然的，而是具有一定的必然性，具体来说，其必然性主要体现在以下几个方面。

（一）良好的经济基础

我国经济的快速发展使人们的生活水平得到了很大的提高，这就为实现休闲体育文化价值提供了坚实的物质基础。

（二）生产和生活方式的改善

生产和生活方式的变化为人们提供了更多的空闲时间，为实现休闲体育文化价值创造了条件。

（三）价值观的转变

现代价值观向后现代价值观的转变使人们更加关注自身的发展，更加注重自我真实的感受和生命的意义。在后现代价值观的影响下，休闲理念更加深入人心，为我国休闲体育文化价值的实现创造了前提条件。

（四）现代体育价值观的建立

代表现代体育价值观的人本体育观和人文体育观更加尊重个人体育兴趣，更加注重个体身心的全面发展。人们试图通过休闲体育获得精神自由和全面发展，这是我国当代休闲体育文化价值实现的基本前提。

（五）人文精神的转变

随着社会的快速发展，人文精神悄然发生了改变，人们渴望以参与休闲体育文化建设的方式感受大自然中生命的真谛，找到人生的价值。这为休闲体育文化价值的实现提供了更大的可能。

（六）现代思维方式的转变

生活在现代社会的人们，其思维方式发生了转变，原本狭隘的思维现今已变得多维化，具有显著的开放性、科学性特点，对休闲体育文化产生了更多的价值认同。这为我国休闲体育文化形成具有当前时代特点的价值创造了重要的前提条件。

（七）行为方式的转变

我国当代的行为方式体现出更多的自主性和进取性，促使人成为更具探索性和现代进取精神的人，而我国当代休闲体育文化价值的实现正需要这种基础。

二、休闲体育文化价值实现的条件

我国休闲体育文化价值实现的条件主要包括经济条件、政治条件和时间条件三个方面。

（一）我国休闲体育文化价值实现的经济条件

我国休闲体育文化价值实现的经济条件主要包括两个方面：一是人们物质生活水平提高，二是国家经济实力增强。

人们物质生活水平有了显著提高。我国真正符合现代意义的休闲体育是在 20 世纪 80 年代以后产生的。改革开放以后，我国具有了发展休闲体育的基本条件。可见经济的持续快速增长为我国休闲体育文化价值的实现奠定了坚实的物质基础。

国家经济实力显著增强。随着越来越多的人愿意进行休闲体育消费，提供休闲娱乐的设施与服务随之产生。可见经济实力的增强为此提供了有力的经济保障，对这些设施与服务的建设起到了决定性的作用。在我国政府的重视和大力推动下，各地建设了多种多样的休闲体育活动设施及场所，且公共设施所占面积仍在不断增加。这为休闲体育活动在社会中的开展和延续提供了有力的支持和保障，促进了国民经济实力的不断增强。

通过上述分析得知，国家经济实力的增强为人们从事休闲体育活动提供了物质支持和保障；同样，不断完善的公共服务设施则为休闲体育文化价值的实现提供了坚实的物质基础。

（二）我国休闲体育文化价值实现的政治条件

这里所说的政治条件，主要包括执政党状况、民主政治制度、政策法规等几个方面，其中政策法规是政治条件的高度浓缩，是促进社会发展和进步的必要因素，对休闲体育文化价值的实现起着重要的政治保障作用。

改革开放以来，我国的政治民主化建设得到进一步发展和完善，国家把人的发展放到了社会发展的突出位置上，为人的自身发展创造了更好的政治环境。《中华人民共和国体育法》《全民健身计划纲要》等相关文件的颁布和实施在赋予人们更多从事体育权利的同时，给予了人们更多从事休闲体育活动的权利。人们可以在安定祥和的社会中自由地选择自己喜欢的休闲体育项目，去感受当代休闲体育文化的价值。

（三）我国休闲体育文化价值实现的时间条件

休闲体育文化价值的实现需要有时间作为基本保障。休闲时间是指不受其他条件限制，完全可以根据自己的意愿去利用、享受的时间，即可自由支配的时间。休闲时间是随着社会生产力的发展而不断增多的。随着社会的进一步发展，21 世纪的人们拥有了更多的休闲时间。休闲时间的增多为当代休闲体育文化价值的实现创造了条件。

从某种意义上说，对时间产生影响的因素主要有两个：一是生产方式的变化，二是生活方式的变化。

生产方式的变化能在很大程度上影响时间分配。现代科学技术的发展极大地改变了传统的生产方式，技术密集型产业逐渐取代了劳动密集型产业；自动化、机械化的大生产更多地取代了劳动力的生产。这使更多的劳动力转入第三产业。现代生产方式的变化极大地解放了劳动力，使更多的人从工作中解脱出来，获得了更多的自由支配时间。

生活方式的改变对人们的时间分配有很大影响。改革开放后，我国社会生产力空前发展，社会分工日趋精细，快速发展的第三产业促使社会中形成更加完善的服务体系。例如，使用扫地机器人、全自动洗衣机等自动化、现代化的家用电器后，人们逐渐从烦琐的家务劳动中解放出来，节省了大量的时间；汽车、地铁、高铁等现代化交通工具大大节省了人们的出行时间，使人们的生活变得更加便捷。现代智能化、便捷的生活方式使人们拥有了更多的时间，为休闲体育活动的开展创造了条件，有利于休闲体育文化价值的实现。

三、休闲体育文化价值实现的具体策略

在现代社会背景下，要想实现休闲体育文化的价值，可以从政府、社会和个人三个方面展开具体的研究与分析，找到实现休闲体育文化价值的最佳途径。

（一）政府政策引导机制

政府对社会现象的发展具有一定宏观调控职能，其积极的态度和全面的调控是保证休闲体育文化价值实现的最重要途径。政府应该对包括场地器材在内的休闲体育硬件设施进行合理的规划布局，对地区休闲体育发展实施有效调控，并以此作为提升区域休闲体育文化价值实现程度的途径。同时，作为休闲体育文化传承的重要途径，各级各类学校中的休闲体育氛围尤为重要，政府应对休闲体育教育的资金投入和物质保障予以保证，并推动休闲体育文化教育课程的设立，确保学生接受休闲体育教育。此外，

政府还可以引导新闻媒介加大对休闲体育文化的传播，宣扬“健康第一”的思想，营造浓厚的休闲体育氛围，使新闻媒介成为推动休闲体育文化广泛传播的重要动力。

（二）社会公共服务体系

休闲体育在现代社会中的发展重点，可以理解为提升大众生活质量和健康素质。为此，对现有社会体育资源加以开发和整合，逐步构建政府主导、市场为先的休闲体育服务体系，是推动休闲体育文化价值实现的必然选择。从人类社会现有的休闲体育资源来看，非营利的普及型或营利的经营型体育运动设施能为不同消费层次的社会大众提供有效的休闲体育服务；学校的体育场馆设施不仅为学生提供了休闲体育场所，也在一定程度上满足了附近居民的休闲体育需求；掌握一定休闲体育技能的专业人士及研修过休闲体育相关课程的学生，可以通过走进社区等方式为有休闲体育指导需求的普通居民提供休闲体育指导类服务；休闲体育服务机构则应及时掌控人们休闲方式的变化，并根据实际情况进行相应调整，扩充其所提供的服务项目。

（三）个人文化传承意识

目前，健康已成为人类生存及社会发展的最大问题，直接影响着人们的生活质量。自古以来，人类总会将体育运动作为缓解不适和增进健康的主要方法。从中国古代的导引术、八段锦到融会东西方文明的现代运动减肥韵律操、呼啦圈，都是人们在面对身心健康问题时的自主选择。人们在休闲体育中放松身心、享受快乐，并逐步调整不良个人状态，促进体力与精力的恢复。这是一种休闲体育的自觉意识，是对休闲体育文化的良性传承，也是确保休闲体育价值实现的最根本途径。

第六章　全民健身背景下校园体育文化的建设与传播

第一节　全民健身与校园体育

一、学校体育与全民健身的关系

（一）学校体育是全民健身的基础

青少年和儿童是学校体育教育的主要对象，学校体育可以说是全民健身的基础。学校体育包含体育教育、健康教育等，学校应将校园课堂内外的体育有机结合，培养学生多元化的体育兴趣，帮助学生掌握运动的方法和技巧，发挥体育的各种功能，促使学生养成健康的体魄和良好的习惯，健康成长。

学校学习期不仅是青少年和儿童增长知识、开阔视野的宝贵时期，更是帮助他们形成健康的身心的黄金时期。这段时间，青少年和儿童会对体育运动产生浓厚的兴趣，掌握多种运动技能，逐渐提升自身的身体素质。《义务教育体育与健康课程标准（2022 年版）》提出：对学生进行体育教育是为学生体育终身受益服务，将学生在校内体育课程中的阶段受益和长远受益相结合，现实目标和未来目标相结合，为全体学生的健康和全体国民的终身健康发挥促进作用。

（二）全民健身是学校体育的延伸和深化

对青少年和儿童来讲，为了健康进行体育锻炼，培养他们良好的运动习惯，不仅是其生理发育的需要，还是其心理素质提升和社会适应能力培养的需要，是促进他们全面发展的必然选择。

学校体育的教学内容和全民健身的内容有着本质的区别，这是青少年和儿童成人后能否坚持进行锻炼和养成终身体育锻炼的一个影响因素。如何使全民健身的内容和学校体育的教学内容既相互区别又有机结合，使学校体育的教育内容有机地融入全民健身活动，是目前学校体育工作的难点。

从全民健身的内容和学校体育的教学内容来看，学校体育是以西方的竞技体育为主要内容的，而全民健身则是以中华民族传统的养生为主要内容的。这些教学和锻炼的内容恰好和体育锻炼人群吻合，也符合不同人群的心理特点和生理特点。从这两大人群所处的社会位置来说，老年人已完成他们的历史使命，颐养天年，以养生为主；青少年和儿童处在学习的关键期和人生的初始阶段，需要在学习上和社会中进行激烈的竞争。从这一点上看，他们的锻炼内容亦符合其社会位置。

学校培养的学生最终是要走向社会，为社会服务的，而学校体育培养学生的体育能力最终是为学生的终身服务的。学校体育不但要注重学生健康的近期效益，而且要注重长期效益，这个长期效益就是学生走向社会，融入全民健身的行列。全民健身与学校体育的有机衔接，是学生离开学校走向社会，保持体育锻炼习惯的有效保证。

二、校园体育在全民健身中的重要作用

（一）学校体育为全民健身活动提供健身方法和培养骨干力量

学校体育有充满魅力的校园体育文化、较高的师资水平、较丰富的教学内容和严格的管理，培养了一批批具有良好的体育意识、运动习惯和较高体育能力的毕业生。这些毕业生成为全民健身队伍中的骨干力量，他们经常参加运动锻炼的良好体育行为，可以影响到周围的群众，带动广大群众参与体育，投身体育运动。

（二）学校体育为全民健身提供活动场地

学校体育具有较完善的场馆设施与场地器材，在不影响校内正常教学秩序的前提下，场馆设施向社会开放，向周围居民开放，既能提高其利用

率，又可弥补社会体育场地设施的不足，实为一举两得。

（三）高校校园体育文化在全民健身计划中具有辐射作用

在全民健身计划中，高校不仅是前沿阵地，还是重要的辐射中心以及科研场所，应将校园体育与社会体育有效衔接，在校内外、课堂内外开展各种丰富有效的健身运动，形成促进学生成才、强健体魄、立志报效祖国的良好教育氛围。体育教师应充分发挥课堂教学的主渠道作用，结合自身的教学特长和体育学科优势，提高教学质量。教师应以身作则，帮助学生形成积极健身的意识，培养学生自主健身的紧迫感和使命感，使学生主动追求并积极探索体育实践，为全民健身计划的实现做贡献。

第二节　校园体育文化的建设

一、校园体育文化的定义

（一）文化、体育、体育文化

文化是一种社会现象，它是人类长期创造形成的产物，又是一种历史现象，是人类社会与历史的积淀物。确切地说，文化是凝结在物质之中又游离于物质之外的，能够被传承和传播的国家或民族的思维方式、价值观念、生活方式、行为规范、艺术文化和科学技术等。它是人类相互之间进行交流时普遍认可的一种能够传承的意识形态，是对客观世界的感性认识与经验的升华。

体育是人类社会发展中，根据生产和生活的需要，遵循人体身心的发展规律，以身体练习为基本手段，为增强体质、提高运动技能、进行思想道德教育、丰富社会文化生活而进行的一种有目的、有意识、有组织的社会活动，是科学与社会发展的专业领域，并随着人类社会的发展而逐步发展。体育包括竞技体育、学校体育、群众体育等。

体育文化是指人通过体育活动在改造客观世界、调节自身情感、协调群体关系的过程中所表现出来的时代特征、地域风格和民族样式。广义而言，体育文化是指人类为丰富生活与满足生存需求，以身体为媒介，把满足自身需求的身体活动进行加工、组织和秩序化，从而形成的获得社会承认的、具有独立意义和价值的文化。它包括精神文化（体育观念、体育意识、体育思想、体育言论等）和行为文化（体育行为、体育技术、体育规范、体育规则等）两大部分。狭义而言，体育文化是将产生于社会生活的体育作为有价值的活动加以肯定，并赋予其一定的文化内涵，从而使体育由自然活动变成文化活动的文化。它包括与艺术、宗教、学术、文化娱乐以及传播媒介等有关的体育活动和体育作品，如体育舞蹈、艺术体操、武术、体育摄影、体育雕塑、体育建筑、体育音乐、体育文学、体育研究、体育大众传播等。

（二）校园文化、校园体育文化

人们一般从广义和狭义两个角度理解校园文化，这里所研究的校园文化是狭义的文化活动，是指在校园内，以学生和教师为活动主体，以课外活动为主要内容而形成的一种文化。

校园体育文化是校园文化的重要组成部分，是指以学生为主体，以校园为主要空间，以校园体育运动为主要内容，以校园精神为特征的一种文化。其中，高校校园体育文化是高校校园里的人群共同参与体育所形成的一种文化。校园体育文化具有以下特征：它是一种群体文化；它以身体锻炼为手段，以多种多样的锻炼项目为主要内容。

当代校园体育文化在坚持具有中国特色社会主义体育教育方向的同时，既要发展中华民族传统的体育文化，又要引进国际先进的体育文化。

二、校园体育文化的结构

校园体育文化的结构是指校园体育文化系统在发展过程中得以保持整体性并具有强大功能的内在根据，它同时决定着校园体育文化的特征。校园体育文化的结构主要有以下三个层次。

第一层：体育物质文化层。作为校园体育文化的基础，体育物质文化层主要包括体育器材、设施设备、宣传资料等，能够为校园全体参与体育文化建设人员的体育实践提供坚实的物质基础。

第二层：体育制度文化层。体育制度文化层包括能够有效规范校园体育文化的各种制度及规章，通常有一定的强制性，能有效保障校园体育文化顺利发展。

第三层：体育精神文化层。其能够帮助参与校园体育文化建设和活动的人形成体育精神，养成与体育相关的审美情趣、思维方式和价值观念等，对校园体育文化的发展起着决定性的作用，是校园建设和体育文化发展的核心内容。

三、校园体育文化的特征与功能

（一）校园体育文化的特征

1. 时尚性

当前，随着体育观念的更新，人们越来越深刻地认识到体育的重要性。可以说，在现代社会发展背景下，体育运动已经成为人们增强体质、加强社会人际交往和提高生活质量的重要方式。因此，体育运动在校园中也逐渐流行起来，成为时尚的代表。

现在，已有很多学生将健身和体育文化活动作为休闲娱乐活动的主要内容。他们不仅对普及性非常强的六大球类运动以及太极拳、健美操、游泳等运动项目感兴趣，还开始追求新兴的体育项目，具有代表性的有棒球、攀岩以及拓展训练等。这些运动项目之所以深受学生的欢迎和喜爱，与其新颖性、刺激性、挑战性的特点有着密切联系。由此可见，不管是传统体育项目，还是新兴体育项目，都极大地丰富了校园体育文化体系，赋予了校园体育文化新的生机与活力。

2. 娱乐性

在现代社会竞争激烈的背景下，人们普遍面临着巨大的工作压力和生活压力，而学生则面临着一定的学习压力和就业压力。为了保证学生身心健康的进一步发展，提高其学习效率，要让学生能够通过一些娱乐活动进行放松，愉悦身心，缓解学习的压力，而体育活动以其鲜明的健身性和娱乐性特点成为学生的首选。校园体育文化具有现代体育活动的一些特点，它要求学生亲身参与运动，在愉悦的身心活动中承受一定的负荷，从而使自己的体能得到有效的提升。由于校园是一个相对封闭的环境，因此参加各种形式的体育活动能极大地丰富学生的精神文化生活，让学生的日常生活更加有情趣。

3. 导向性

高品位的校园体育文化，不仅能为学生提供一个自我展示、自我教育、自我提高的空间，还能激发学生进行科学的体育锻炼的积极性，帮助学生树立正确的世界观、人生观、道德观，并培养学生的爱国主义精神。这也就决定了学校教育要以培养社会主义合格人才为目的来开展校园体育文化建设。

4. 动态性

校园环境通常比较封闭，这种环境有时候不易有效调动学生学习的积极性，在一定程度上难以使学生产生较大的学习兴趣。对此，学校可以尝试增设一些趣味性较强的体育活动实践，鼓励学生积极参与，以促进学生身心健康和全面发展。另外，合理安排趣味性的体育活动还能增进师生之间的交流和感情，充分调动学生的学习兴趣，使学生对学习、生活及体育休闲充满热情；在课余时间适当组织与体育相关的竞赛活动，不仅能强健学生的身体，还能调节学生的心态，帮助学生缓解学习压力，促使学生以更好的状态参与学习和体育活动。因此，体育对学生的健康成长有重要的动态性作用。

5. 隐蔽性

校园体育文化的隐蔽性主要表现在校园体育文化以不明确的内隐方式，通过学生无意识的、非特定的心理反应机制影响学生，从而使学生领悟人生的真谛，约束自己的行为。通常情况下，具有良好体育文化风气和环境的校园，它所形成的体育氛围和体育舆论，是一种无形的力量，对其成员能够产生约束作用，使生活于其中的师生不断地调整自己的心理和行为，以和整个氛围相协调，从而使校园中的师生不自觉地受到熏陶。需要注意的是，校园体育文化对学生的教育是潜移默化的，不是一时一日就能完成的，需要长时间的积累。

6. 开放性

校园体育文化是一个开放的系统，广大教师和学生的积极参与是其有别于其他文化的重要特征。学校之间或学校内部通过体育运动频繁、广泛地交往和接触，有利于师生拓宽自己的视野，加深对社会的认识。另外，学校对外的体育竞赛，不仅展示了学生运动员的竞技水平和道德风尚，是学校向社会开放的窗口，还向社会展示了学校的综合实力、办学水准和精神文明建设成就，对学校的品牌形象提升具有积极的作用。

7. 民族性

我国民族传统体育内容丰富，具有代表性的体育项目有汉族的武术、导引养生术，蒙古族的摔跤、射箭，朝鲜族的荡秋千、跳板，苗族的赛龙舟，回族的扔石锁、拔河等。这些体育项目经过一定的改进进入校园，成为重要的体育教育内容，使校园体育文化呈现出民族性的特征。

8. 交叉性

校园体育文化是由校园文化和体育文化构成的，单从这一点就能看出校园体育文化具有一定的交叉性特点。现代校园体育文化通过对校园文化与体育文化的选择与重构，展现出校园文化与体育文化相结合的特性。因此，校园体育文化是校园文化与体育文化有机结合的产物，是联结校园文化与体育文化的功能融合环。

9. 融合性

校园体育文化的融合性主要表现在，新兴的体育运动项目、体育思想等往往先在校园中被接纳与传播，如目前非常流行的网球与橄榄球。校园体育文化如同一座桥梁，连接着新兴体育项目与中国传统体育项目，使中西方的体育项目与体育思想在不断融合中得到发展与传播。

10. 复杂性

校园体育文化的内容可以分为三个层次，即校园体育物质文化、校园体育精神文化、校园体育制度文化。这种多层次的体育文化内容具有一定的复杂性。这种复杂性不仅表现在校园体育文化内部关系的冲突及其协调上，还表现在校园体育文化与其他文化现象的沟通与交流中。

11. 群体性

对于学校教育来说，为社会培养各种高素质人才是其重要的职责。体育教育不仅具有强大的凝聚力，还有鲜明的价值观意识形态特性。体育文化无论是横向传播，还是纵向变迁，都需要一定的群体基础，这就意味着在传播体育文化的过程中，其文化群体将由比较独立的文化群体逐渐组合而成。这种文化群体虽然相对独立闭合，但具有动态流动性特点，能使校园体育文化群体所具有的特征充分展现出来。

（二）校园体育文化的功能

校园是传授各种知识的场所，学校教育包含了德育、智育、体育和美育等多种内容，而校园体育教育则集多种育人方式于一身。校园体育蓬勃发展，校园体育文化也展现出了巨大的功能。

总体而言，校园体育文化的功能主要体现在以下几个方面。

1. 德育功能

总体来看，体育运动的德育功能主要体现在学生的体育精神、体育规则、体育情感体验方面。与其他课程相比，体育运动课程的教育效果更为理想。学校教育并不是单纯地传授某种知识或技能，更多的是培养学生的良好习惯。在这一过程中，学生的品行逐步完善与发展。总体而言，校园体育文化的德育功能主要体现在以下几个方面。

（1）当前，我国校园体育教育一般以自然班或特定同质群体为单位。这种集体教学方法有利于培养学生的团队精神和少数服从多数的民主意识。

（2）开展校园体育活动时，经常采用竞赛法和游戏法，奖励获胜方有助于培养学生奋勇争先的精神、竞争意识和开拓精神。此外，体育运动竞赛或游戏要想顺利进行，必须依靠参与者对既定规则的自觉遵守。在体育练习或比赛（游戏）中，学生还要懂得关心同伴，尊重他人（对手、裁判员），养成遵守体育秩序和体育规则的良好习惯。

（3）体育运动能纠正一些学生的不良行为，不仅可以丰富学生的课余文化生活，而且可以有效避免学生不良行为习惯的产生。

（4）在体育文化活动中，学生会充分体验到合作的重要性，认识到个人利益与集体利益之间的关系。这对学生养成顾全大局、统筹行事的思维具有重要的指导作用。校园体育文化有助于培养学生良好道德和适应现代社会的良好个性。

2. 智育功能

大量实践表明，体育学习和体育活动是一种开发智力的良好方式，经常性地参加体育活动能有效地促进学生的智力发育。

（1）经常参加体育运动能为学生的智力发育奠定良好的物质基础。健康的体质是学生智力发展的物质基础，经常参加体育运动锻炼可有效改善神经系统，促进血液循环，改善大脑的营养状况，促进脑细胞的代谢，促进智力发育。

（2）学生在进行体育运动时，不仅需要进行身体上的活动，还需要积极进行安排、统筹、规划等。在规划体育活动的过程中，思考和解决问题的能力获得锻炼并逐渐提升；在参与体育知识讲座时，发散思维可以得到培养；在参与体育竞技活动时，战术组织能力、技巧掌握程度均得以提升，学生的想象力、创造能力、思维能力、体魄等各方面都将获得提升。

（3）对于学生来说，参加多种多样的校园体育文化活动，可以有效缓解学业上的压力，缓解学习中产生的假性疲劳，是一种非常良好的休息方式，有助于消除大脑的疲劳感，提高学习效率，促进身心健康。

3. 美育功能

“美”是人们生活中不能缺少的，人人都喜欢“美”的事物，并追求“美”的事物。在学校教育中，体育与美育相结合，可以培养出集“健”与“美”于一体的高素质人才。

学生通过参加各种各样的校园体育活动可以极大地促进自己对“美”的认知和感悟。校园体育文化中“美”的范围非常广泛，主要涉及身体美、语言美、行为美、精神美等多个方面。

（1）身体美育。一般来说，身体美主要通过“健”体现。通过参加各种形式的体育活动，学生能获得完美的身体曲线，给人以美感。

（2）道德美育。体育文化的表现和直观性特征具有重要的社会心理补偿价值。因为社会生活中的活动一般难以像体育比赛场上那样直观显性、公开、公平、公正和优劣分明。对一个人的评价往往是综合的、模糊的，甚至是道德的，这就使人们在生活中往往难以体验到一种即刻实现的自我体认感。学生通过参加体育比赛，能在公平公正的条件下获得一定的回报。

（3）审美素养。通过参加体育教学活动，学生可以有效提高自己的审美意识与审美能力。学生在进行体育运动的过程中，能逐渐地树立正确的人体及运动审美标准，促进自身审美素养的提高。

4. 健身功能

校园体育活动是增强学生体质、增进学生健康的主要途径。因此，健身功能是校园体育文化的主要功能之一，该功能主要是通过校园体育活动或校园体育锻炼实现的。

5. 娱乐功能

现阶段，有的教师忙于教学与科研工作，一些学生疲于应付各门功课，这使部分师生具有不同程度的焦虑与疲劳。校园体育文化可以放松心情，消除疲劳。丰富的校园体育活动，无论是运动项目还是休闲项目，都具有较强的娱乐色彩，可以满足师生的生理与心理需要。

6. 沟通功能

校园体育包括各种各样的体育活动，这些体育活动不但可以成为师生、生生之间沟通的桥梁，拓展学生交往的空间，增加他们沟通的渠道，增加相互之间接触的机会，而且有助于改善个体间不和谐的关系，有利于培养集体凝聚力和向心力。

四、校园体育文化的价值

我国体育文化的发展以中华人民共和国成立之初毛泽东同志提出的“发展体育运动，增强人民体质”为出发点，这是对我国体育发展具有终极性意义的价值判断，指导着我国体育的发展。自改革开放以来，尤其是随着构建社会主义和谐社会理念的提出，体育文化从不同的视角展示出其多维价值。从“增强人民体质”到“奋力拼搏，为国争光”，再到现在提出的“体育社会化、体育生活化、体育终身化”，反映了人们对体育文化价值认识的不断深入。体育文化的价值不在于直接提高物质生产水平，促进社会经济增长，而在于提高人的人文素质，培育民族精神，提高人的思想道德和审美素质，使人越来越社会化、人性化，从而促进人的全面协调发展和社会的总体进步。因此，在构建和谐社会进程中，校园体育文化的价值主要有德育价值、竞争价值、人文价值、健康价值、审美价值和品牌价值等方面。

（一）德育价值

学校是人们接受各种教育最为直接和有效的载体。德育是学校必须要承担的重要任务，学校除开设传统的德育课程之外，还应该采取一切可能的形式丰富德育内容。只有从这一高度去认识校园体育文化的德育价值，才能真正实现德育的目标，做好学校的德育工作。学校体育教育是开展学校德育工作的重要阵地，这是由学校德育工作的内容所决定的。学校德育包含四个层次：一是基本文明习惯和行为规范的教育；二是基本道德品质的教育；三是公民道德与政治道德品质的教育；四是较高层次的道德理想教育，即道德信仰的教育。校园体育文化对这四个层次或多或少都有所涉及，具体来说，校园体育文化的物质层面、制度层面、精神层面都是和学校德育工作紧密相关的。

1. 校园体育文化物质层面的德育价值

校园体育文化的物质层面是校园体育文化的第一层。它们是学校体育“物化”的结果，主要指体育场地、器材和体育用品等。从表面上看这些东西似乎与学校德育没有关联，但是如果能对其进行合理开发与利用，就能够体现其内在的德育价值。例如，教育学生爱护体育场地、运动器材，养成良好的运动器材借还习惯等，就是在对学生进行文明习惯的培养和行为规范的教育，而这也是学校德育的要求之一。还有运动场周围张贴的各种表现运动场景的宣传图片、体育名人名言等，也会在无形中感染每一个学生，培养他们拼搏向上、永不言败的精神。

2. 校园体育文化制度层面的德育价值

校园体育文化的制度层面是校园体育文化的中间层，它起着承上启下的重要作用。制度层又被称为行为文化层，是师生活动本身构成的文化，包括体育教学、健身、运动竞赛以及学校的体育传统、制度等方面，其核心是体育教学。可见，校园体育文化的制度层是直接作用于学生的，因而也是最有利于发挥其德育价值的。在体育教学过程中，学生在学到体育技能的同时，也会受到德育。一方面，任何一项运动技能的获得都是一个不断模仿、练习、失败、再练习并最终获得成功的过程。这个过程其实就是学生培养坚强品质、自我超越的过程，也是他们真正体会只有不断努力才能获得成功的过程。另一方面，许多体育教学内容，如足球、篮球、排球以及乒乓球、羽毛球中的双打讲究的是与他人、与集体的协调配合，在练习的过程中学生也会懂得要正确处理个人与他人、个人与集体的关系。同时，学生在这个过程中会无意识地增强其社会适应能力，树立集体主义观念。学校每年举行的田径运动会是进行德育的良好时机。无论是在比赛场上奋力拼搏的运动员，还是为其加油呐喊的啦啦队员，都会被那种氛围下的拼搏精神、团队精神所感染，那些在运动会上获得“道德风尚奖”的个人与班级甚至可以直接作为德育的正面教材。除此之外，关于学校体育教育的各种规章制度的制定、实施、遵守的过程，也是帮助学生形成规则意识、培养学生社会性的过程。这些都展示着学校体育制度文化在学校德育目标实现过程中的重要价值。

3. 校园体育文化精神层面的德育价值

校园体育文化的精神层面与德育联系最为紧密，甚至从一定程度上看，它是德育要求在校园体育文化中的直接体现。因为校园体育文化精神层面中的内容无论是体育的价值观念、思维方式，还是审美情趣、道德规范等，都是与学校德育要求相一致的。拥有“公平、公正”“更高、更快、更强”体育精神的学生，在日常学习、生活、工作中也往往是追求进步、积极向上的。校园体育文化中拼搏奋斗、不畏困难、奋勇直前、团结协作的精神，可以转换为学生砥砺奋进的力量。基于此，可以说，校园体育文化是可以促进个人全面发展的，也是可以促进社会主义精神文明建设的。学生作为我国社会主义事业的接班人，他们的价值观念、道德意识等都会对未来社会产生重要影响。学生在学校参加形式多样的体育文化活动，可以陶冶情操，获得精神享受。这种正能量的校园体育文化对抵制精神污染、防止不健康文化入侵以及矫正不良行为都具有一定的作用。一个人如果在学生时期对快乐的运动体验形成了深刻的感受，那么当他进入社会，角色发生转变以后，学生时期受到的良好校园体育文化的熏陶就有助于其自觉进行体育运动，从而为终身体育打下坚实的基础。同时，健康的生活方式和行为习惯也能反作用于社会，即通过良好的体育行为产生积极的社会效应，对体育的社会化和精神文明建设起到巨大的促进作用。校园体育文化精神层面的德育价值正是通过这种润物细无声的形式发生作用的。所以，校园体育文化精神教育的过程，也就是发挥其德育价值的过程。

（二）竞争价值

21世纪，随着经济全球化的深入发展，社会竞争日趋激烈，对人的要求也随之提高，人不仅要形成广泛参与体育活动的意识，还要具备竞争挑战的精神。通过体育锻炼、体育竞技等体育文化活动，学生可以树立竞争意识，养成勇于克服困难、挑战自我的精神，形成不断超越自我的卓越品质，对促进自身的成长成才有重要意义。例如，在国内各大院校每年一度举办的“体育文化节”、田径运动会等体育文化活动中，从开幕式的队列方阵评分，到竞赛进行及竞赛结束的全部过程都体现着竞争精神。

（三）人文价值

体育文化是一种关爱人的文化，它维护人的尊严，促进人的全面发展。是否崇尚体育精神、热爱体育锻炼是衡量社会文明程度的标志之一。残疾人运动会等特殊竞技比赛显示出体育文化中对弱势群体独特的人文关怀。在校园体育运动中，学生之间互帮互助、团结协作，无不体现出人性的温暖和集体的力量，学生在参与校园体育文化活动的过程中可以完善人格。校园体育文化的人文价值主要包括三方面内容：一是以人为本，提倡对人的尊重和积极健康的生活哲学，力求建立维护人的尊严的和平社会；二是倡导人的全面发展，即学生能够通过体育运动达到身心的全面而协调的发展；三是学生通过体育运动铸就个人的文化品格，展现强健的体魄、良好的心态和文明的言行。

（四）健康价值

校园体育文化中的行为文化，是以身体运动为基本表现形式的，由它所构成的体育锻炼过程为给予人体各器官、系统一定量的刺激，使机体在形态结构、生理机能等方面产生一系列的适应性反应，从而对机体产生积极的影响，有效地增强体质，提高健康水平。进行体育锻炼还有助于调节心理，减轻学习压力，释放不良情绪，舒缓紧张的神经，使人心情愉快。此外，体育锻炼还可以培养集体主义精神，锻炼坚强的意志，增进人们之间的友谊与合作，提高人们对社会和自然环境的适应能力，促进身心和谐、健康发展。

（五）审美价值

体育与美自古就紧密相连，古代的奥运会就是展现健美身体的场所，并为人们留下了许多表现运动员健美英姿的艺术珍品。体育运动中蕴藏着大量的美的因素，蕴含着许多人类社会共同追求的东西，这就是体育运动中表现出来的“真、善、美”。正如现代奥运匹克运动发起人、法国著名教育家顾拜旦1912年在《体育颂》中所说的，体育就是美，体育就是正义，体育就是勇气，体育就是进步，体育就是和平。[①]体育之美不仅指娴熟和优美的动作，更指动作背后展现的振奋心灵的力量。大卫雕塑显示了体育背后的人类身体力量的健康之美，奥运五环展现了体育背后的人类团结、和平之美，奥运火炬展示了体育背后的人类自强不息之美。

（六）品牌价值

体育可以说是一种重要的品牌，对全世界、全人类都有着深远的影响，其所产生的品牌价值难以衡量。对于学校来说，优秀运动员、体育名师以及冠军学生都是不可多得的精神财富，是宝贵的无形资产。例如，在英国牛津大学与剑桥大学之间延续了一百多年的划船对抗赛，令美国大学生全力以赴的职业篮球赛，都是学校师生将体育的品牌与精神发扬光大的成功案例。校友对母校的自豪感由此变得更强，学校的体育精神和品牌也随之得以弘扬，可以逐渐吸引更多优秀的人才、名师，促使学校的无形资产逐渐增加，衍生出更多的有形资产，学校的精神财富也就越来越多。

五、校园体育文化的表现形式

校园体育文化是通过身体运动的方式表现出来的，它要求人体直接参与活动，这是校园体育活动的主要特点之一，它决定了校园体育具有促进学生身心健康的功能。校园体育文化有以下几种表现形式。

（一）校园体育文化的创新性表现

体育运动有一个重要特征，就是鼓励不断创新，正是这种鼓励创新的精神，体现了体育运动的文化特质。开展校园体育活动是实现学校体育目标的重要途径，是培养学生“终身体育”理念和“健康第一”思想的重要环节。通过课外体育活动与体育教学的互补，实现课内外一体化教学模式。

目前，各学校的体育俱乐部和体育协会，是学生课余体育训练的有效

---

① 徐勤儿．大学体育［M］．苏州：苏州大学出版社，2019：17.

组织形式，可以为学生提供活动时间、活动场地、活动器材及辅导教师。学生在体育俱乐部和体育协会组织的活动中，选择自己喜欢的锻炼项目，不仅能充分调动学生的积极性，激发学生的兴趣，促进学生对体育技能的掌握，使其养成自觉锻炼的习惯，还能提高学生的组织能力与社会实践能力，最终实现学校体育向终身体育的过渡。

学校体育俱乐部是大众体育的组织形式，处于高水平竞技的层面，其功能与作用已超过了体育教学本身，使校园体育文化更具创新性，促进了校园体育文化的发展。

（二）校园体育文化的开放性表现

在校园体育文化中，学生已经从以往的封闭式校园走向社会，参加各种体育活动，观看和参加世界大学生体育比赛和国内高水平比赛，如中国大学生篮球联赛（Chinese university basketball association，CUBA）、飞利浦中国大学生足球联赛、全国大学生田径锦标赛，以及省内高校校际比赛。学校与社会之间频繁而广泛的以体育为内容的交流和接触，开阔了学生的眼界，加深了学生对社会的了解。同时，学校应组织学生开展户外活动，如滑冰、滑雪、远足等。户外活动可以磨炼学生的意志，提高学生在不同环境中的适应能力和社会交往能力，吸取社会文化中的有益成分，弥补校园文化的不足。校园体育文化的开放性特征蕴含着教育功能，对学生身体健康起着促进作用。

（三）校园体育文化的层次性表现

校园体育文化不仅有丰富的活动内容，还具有复杂结构以及深厚底蕴，虽然难以用语言将其深层次的内容表达出来，但参与体育文化活动的学生往往能够感受到其氛围和影响。此外，校园体育文化还能够满足学生多样化需求。

高等学校的体育设施、器材及场地配备齐全，有着雄厚的师资力量，在图书资料方面也有着显著优势。这为高校教学任务的进行、校园精神文明的建设、校园体育文化活动的开展以及全民健身运动的推动提供了强大的物质支持。

体育竞赛作为校园体育文化的重要内容，旨在最大限度地挖掘和发挥人的体力、心理、智力等方面潜力的基础上提高运动技术水平。通常以课外体育竞赛为龙头，多种体育锻炼形式并存，每年学校要举行 8 ～ 10 个项目比赛，如球类、田径、健美操、武术等，同时开展小型活动，包括以院、系、专业、班级为单位的趣味运动会及各种友谊对抗赛，并进行多方位的体育交流，使学生在校园体育文化活动中，培养团队精神，提高竞争意识。除此之外，还应鼓励学生积极参加课外体育锻炼，如课间操等。

近年来，大学校园内蓬勃兴起的体育文化节、体育科技知识讲座、体育摄影、体育知识竞赛、体育征文为体育活动增添了无穷的魅力。

（四）校园体育文化的聚散性表现

体育文化对学校的发展具有“内聚和外散”的互动功能，丰富多彩的校园体育文化，对广大师生有着巨大的吸引力。校园体育文化不仅使师生之间的感情和心灵得到交流，还是素质教育中较理想的潜在课程。通过体育竞赛以及各种体育活动，学生可以形成良好的体育道德风尚。在比赛中，场上运动员顾全大局、积极配合，场下的观众呐喊助威、群情激昂，体现了强烈的集体荣誉感，这种荣誉感会形成一种强大的内在凝聚力，对加强校园精神文明建设起到积极的作用。参加一些学校和地方组织的体育比赛，运动员的精湛水平和良好风貌等会向社会传播，对树立良好的学校形象、反映学校的精神风貌、扩大学校的社会影响力，都会产生积极的作用。

六、校园体育文化建设的原则

（一）“以人为本”原则

在校园体育文化建设的过程中，学生承担着发现者和创造者的重要角色，同时学生是未来国家建设的生力军。因此，学校应明确学生在校园体育文化建设中的主体地位，围绕学生的需求开展体育活动，以学生成长为核心，营造良好的体育文化氛围，在素质教育的基础上进行校园体育文化建设，促进学生德、智、体、美、劳全面发展，为社会培养综合型人才，引导学生形成正确的体育价值观念，将公平、公开、公正的体育原则作为行为准则，将更高、更快、更强的体育精神融入学习和生活。与此同时，学生应不断提高自己组织体育文化活动的能力，做体育精神的传播者，为推进全民健身贡献自己的力量。在校园体育文化建设中若脱离了学生这一主体，校园体育就会成为脱离育人目的、没有实际作用和价值、游离于形式的无意义行为。

（二）与时俱进原则

文化是时代的产物，这就决定了它必然要反映出时代特征，无论是形式上还是内容上，都应该与社会同步发展。随着社会的发展，经济、科技、生活日新月异，人们对体育的要求也在不断变化。例如，20 世纪 80 年代排球热，到了 20 世纪 90 年代变成了足球热，而到了 21 世纪，全民健身热潮掀起。

以前人们对富裕生活的要求是吃得好、住得好、穿得好，而现在人们的生活观念开始转变，物质上的富裕并不算真正的富裕，身体和心理都健康才是真正的富裕。在这种时代背景下，作为社会亚文化的校园体育文化，必须根据社会需要转移建设方向，与社会同步发展，从而更好地服务社会。

（三）主体性原则

优秀的校园体育文化为学生的发展提供了良好的氛围，它是外界环境因素，属于外因。学生是走在时代前沿，带有鲜明时代特征的个体，具有主观能动性。学生是教育过程中的内因，教师和教育过程中的其他因素属于外因，经过学生主观选择与接受的知识才能转化为学生自身的知识。校园体育文化要想充分发挥教育价值，就必须充分调动学生的主观能动性，发挥其主体性，让其自愿自主地接受体育文化的熏陶。

（四）协调性原则

校园体育文化建设是一个系统工程，它由诸多因素组成，只有让各因素协调联动，校园体育文化建设才能顺利进行。因素间的协调联动主要包括以下几个方面。

1. 课堂教育与非课堂教育相协调

校园体育存在“两课”，一是作为学科的体育课，18 世纪末到 19 世纪初，丹麦、德国等欧洲国家率先把体育课作为学生必修课程。在中国，体育课是中小学生的必修课程之一。体育课又分为室内课和室外课。室内课的主要任务是教授体育理论知识和一些相关的体育卫生知识、运动损伤的防治知识等。室内课由体育教师根据教育部颁布的体育教学大纲按照班级授课制的方式进行。室外课以实践课为主，主要任务是传授学生体育技术动作，以提高学生的运动技能为主。室外课中教师应采取有计划的、循序渐进的教学方法，对成套体育动作进行解说。二是课外活动，虽然课外活动不是国家规定的必修课程，但它在学校有较强的生命力。其原因在于课外活动的时间比较充裕，基本上每节课的课间都可以成为课外活动的时间，学生在课堂上没有掌握的动作要领可以利用课外活动时间来补习。另外，课外活动不受教学大纲限制，体现出比体育课更为灵活、内容更为丰富的特点，能够满足学生的个性化需求。但课外活动同样需要理论知识和运动技能相结合，因此只有把课堂上所学的理论知识应用到课外活动实践中，才能有效促进校园体育文化建设。

2.“软”“硬”协调

“软”指软件建设，包含体育制度、体育精神、体育观念等方面；“硬”指硬件建设，包括体育设施、体育设备、体育场地、体育资金等方面。在校园体育文化建设过程中，学校只有做到“软”“硬”协调，双管齐下，才能事半功倍。如果在校园体育文化建设过程中，只有硬件设施达到了标准，而软件设施难以满足当前校园体育文化建设的需要，且体育活动内容较为单一，科学性不足，没有充分利用校园体育硬件设施，那这些硬件设施就只能成为摆设。反过来，如果学校积极组织开展丰富多彩的体育文化活动，且制定了较为健全的体育制度，但硬件设施却始终无法保障活动的顺利开展，那活动计划和规章制度只能成为空谈。由此可见，对于校园体育文化建设来说，硬件建设是基础，软件建设则是上层建筑，没有硬件建设，软件建设就无法立足；而没有软件建设，硬件建设得不到充分利用也只能成为摆设。只有软、硬件设施相互协调，才能实现校园体育文化的建设。

（五）客观性原则

校园体育文化是时代的产物，它不是一个空虚的文化概念，而是有实质性内容的，如物质设施、学生主体、管理制度等。这些都是客观存在的，而对客观存在的事物，不能以主观的臆断作为标准，必须以客观的眼光进行观察。例如，在教学过程中，学生是客观的，学生的性别、年龄等是不会因教师的主观意愿而改变的。因此，在教学过程中，教师必须结合学生的客观事实进行不同教育，而不是一意孤行。又如，学校所具备的物质条件是客观的，那么在组织室外教学或课外活动时就必须考虑是否具备相应的器材设备。再如，购买物质器材与设备，学校财政是客观的，在购买时必须以学校财政为衡量点。总而言之，校园体育文化建设必须根据客观事实进行，主观行事只会事倍功半。

（六）多元化原则

校园体育文化的多样性是指校园体育文化活动内容应当丰富多彩。多元化的校园体育文化环境，能够满足学生的不同需求，为他们提供展示自我的平台，使他们得到充分发展。多元化的体育文化活动，有利于激发校园文化的活力，形成独具特色的校园体育文化。

七、校园体育文化建设应突出的方面

（一）体育物质文化建设要有文化底蕴

体育物质文化是校园体育文化的外在标志。在校园体育文化建设过程中，校园体育精神文化的建设需要通过校园体育物质文化来实现，即物质文化的建设能为精神文化提供载体，物质文化建设是实现精神文化建设的手段。校园体育物质文化的载体是体育建筑，其建筑风格体现着学校的校园文化特点。因此，校园体育建筑要彰显体育文化的内涵，并能够展现其体育精神文化和制度文化的特点。在进行体育场馆建设时，应结合校园体育文化的特点，适当添加一些优秀运动员代表的壁画及具有文化内涵的雕塑等艺术作品，可以有效提升校园体育文化环境空间及校园体育文化品位。所以，应努力在校园体育物质文化建设中发掘自身文化底蕴，以激发广大师生的体育热情。

（二）体育制度文化建设要体现品德培养

校园体育制度文化主要包括体育法规、体育条例、体育规章制度等方面，对参与校园体育文化的主体行为具有规范性和强制性。校园体育制度文化具有严密的组织性和纪律性，其蕴含着丰富的道德因素，有助于培养学生遵纪守法、互帮互助、乐于奉献的优良品德，校园体育制度文化中的评价制度，能够教会学生正确处理过程与结果、成功与失败的关系，勇于面对生活中的挫折与困难。因此，在校园体育制度文化建设中，要充分发挥体育制度文化对学生思想品德的培养作用，深度挖掘制度文化中的教育价值，促进对学生的品德培养。

（三）体育精神文化建设要弘扬人文精神

良好的校园体育精神环境，可以让在这种环境中生活、工作、学习的师生获得精神及心理上的鼓舞和升华，并在自觉和不自觉中受到影响，逐渐形成良好的精神品质。可见，校园体育精神能够对师生产生持续的、长久的、潜移默化的影响。在开展校园体育活动时，应重点培养学生的集体主义精神、爱国主义精神和民族自豪感等，促使学生之间相互尊重，在活动中使学生树立正确的体育价值观，优良的道德品质和公平竞争、勇于挑战的精神，在参加国内外竞赛时，展现出中华民族迎难而上、超越自我的精神以及尊重自己、尊重对手、尊重比赛的高尚风格，并弘扬这种人文主义精神，在为自己、为学校，甚至为国家争得荣誉的同时，逐渐树立正确的世界观、人生观、价值观。

八、校园体育文化建设的对策

（一）加强校园体育物质文化层建设

校园体育物质文化层是校园体育文化建设的基础，是校园体育文化中可感觉到的具有一定感染力的层面。校园的体育场馆及其内部的器械布置、体育建筑的风格、学校所处的地域等，共同构成了校园体育物质文化。完善的体育设施、功能齐全的运动器材，不仅能营造良好的校园体育文化环境，还能让学生感受到良好的体育文化氛围，从而激发学生对体育运动的兴趣。因此，学校应把校园体育物质文化建设纳入校园体育文化建设的整体规划，使校园体育文化成为软硬件相统一、人文与自然相和谐的有机整体。

1. 经费投入是关键

随着素质教育的深入开展，体育教育不再是校园教育中的“小三门”，而是素质教育的重要一环。学校在转变教育观念的基础上应主动关心体育工作，加大对体育教育的经费投入，把体育设施建设作为评估校园环境、教育环境的重要内容，并建立科学的学校评估指标体系，把体育设施建设作为学校办学条件、办学水平的考核内容之一。加大学校对体育设施建设的投入，以兴建现代化的教学楼、实验室、图书馆以及体育场馆设施，从物质方面提升校园体育文化的层次和质量。

2. 提高体育物质设施的利用率

随着经济的发展、人民生活水平的提高以及闲暇时间的增多，大众体育参与者越来越多，校园要发挥场地、器材及人才优势服务于市场，再通过市场促进校园体育的发展。学校改善体育场馆的经营状况，提高场馆效益的首要做法就是要提高场馆的使用率，加大开放力度，延长开放时间，优化场馆资源配置。结合国外场馆经营管理经验，在满足校园体育教学、训练需要的前提下，校园体育物质设施应从福利型、公益型向经营型转变。例如，顺应全民健身的热潮，向全社会开放体育场馆，采取会员制，建设体育休闲俱乐部，适当收取会员费，开放对象为全校学生、教职工、市民等；利用周末开展一些体育特色服务，为人们提供体育休闲娱乐的空间；利用寒暑假办短训班、夏（冬）令营等活动，使体育场馆得到充分利用。

3. 体育物质设施的建设要体现一定的文化底蕴

校园体育物质文化是校园体育文化建设的载体，并成为校园对外展现自身体育文化的独特标志。精神文化是校园体育文化的核心，为了承载校园体育文化建设，展现体育精神、校园体育风采，学校建设了校园体育物质文化，但若校园体育物质文化无法表达体育精神文化，或与体育精神文化不协调，校园体育物质文化将失去建设的意义。在体育物质文化的建设中，体育精神文化是校园体育文化的重要组成部分。精神文化建设也是建设校园体育文化的根本目的，不注重体育精神文化建设，校园体育物质文化就会成为无用的形式。因此，校园体育物质文化应具备一定的文化底蕴，展现出校园体育精神文化。这就要求校园体育物质设施的建设既要讲究实用，又要讲究美观和谐，倾注人文关怀，提升文化品位，突显个性特色，激活审美张力。在建筑的设计上要结合学校所在地区的气候特点，建筑外观强调开敞、通透，空间组合要灵活，要以动态的意象表现个性，要符合心理学的要求，给人跃跃欲试的感觉。例如，四川大学的标志性建筑——体育馆就产生了这样的效果：体育馆主体建筑居于场地的中央，足球场紧贴其后，显得气势磅礴，主体建筑前后分别为广场和绿化带，室外草坪从地面延伸至体育馆斜面房顶，犹如一道绿色的屏障，清新悦目的主体建筑在四个巨型叶片的遮掩下熠熠生辉，落地的枝叶与飞檐相融合，洋溢着自然生态的灵气，整个建筑的形态、色彩、质感与周边的环境相得益彰，给人留下了深刻的印象。

此外，体育物质文化建设还应注意层次性，做到点面结合。校园作为传播知识的神圣殿堂，在进行场馆等大众设施建设的时候要考虑雕塑、壁画等艺术品的点缀，以拓展校园体育文化环境的空间、丰富校园体育文化的内涵、提升校园体育文化的品位。

宽阔的绿茵足球场、简洁的跑道、整齐有序的运动器械、造型优美的运动雕塑、气势恢宏的体育馆等构成了美不胜收的校园体育物质文化环境，学生在与它们的对视与解读中受到了熏陶和感染。因此，学校应努力挖掘其文化底蕴，以激发广大师生参与体育活动的热情。

（二）优化体育教学

1. 优化体育教学内容

体育教学内容是体育教学的载体。体育教学内容的安排应本着从学生的个体需要，现在学习和将来工作、生活需要出发的原则，强调健身性、娱乐性和终身性，淡化竞技性，要让学生达到“懂、会、乐”的体育效应。

体育教学内容的合理性、科学性、可接受性对建设校园体育文化具有至关重要的作用。选择体育教学内容时要选用兼具民族性与世界性、健身性与娱乐性、科学性与可接受性的可塑性教学内容。对无法贴近学生未来生活和职业，缺乏实用性与时代感的内容，以及学生在学习的过程中因受竞技规则的限制而被动掌握甚至不易掌握的内容，应予以删除，以最大限度地满足学生对体育文化的需求，激发他们的兴趣。因此，师生应共同努力，选择一些学生感兴趣，现代健身气息、娱乐气息浓厚的运动项目，从而真正达到体育教学的目的。

此外，还可以适当增加理论课程。笔者认为，为学生锻炼身体提供科学正确的理论指导方法和知识基础，是学校体育教育的职能。学生已具备了一定层次的知识水平和分析能力，因此适当增加理论课程在体育教育中的占比，引导学生了解和掌握科学的健身方法，向学生讲授健身的效益以及所产生的效果等，结合技能方面的教学，从跑、跳、投等方面解放学生，提高学生对理论知识和技能技巧的掌握程度，培养学生的体育文化素养，可使体育教育真正发挥出教育作用，从而达到更好的教学效果。

2. 优化体育教学方法与手段

体育教学效果不仅取决于教学内容的选择，还取决于教学内容的组织与安排。有了好的教学内容，没有适合学生身心发展的组织形式，体育教学的效果也难以保证，从这个角度来讲，体育教学的组织安排显得尤为重要。

目前，我国体育教学是以教师为主导，以学生为主体的现代教学体系。体育课堂教学要充分体现教学形式的多样化、个性化，提倡师生之间、学生之间的多边互动。学校要借助现代教学手段组织教学，充分利用电视实况转播、现场组织观看体育比赛等形式对学生进行体育文化教育。

在教学组织上，主张以“活泼、自由、愉快”为主调，使严肃的课堂纪律与生动活泼的教学氛围相结合，强调信息的多向交流与教学环境（包括物质的和人文的）的优化。学校要克服教学组织形式竞技化的倾向，向学生传递体育文化而非单纯的竞技运动。学校应解决好教学相长观和主导主体观的问题，大力推广程序教学、发现教学、游戏教学、兴趣教学等新的教学方法。同时，现代化的教学手段如电化教学、多媒体教学等也应得到高度重视和广泛运用，以优化学校的体育教学。

（三）加强校园体育文化的组织与管理

制定科学的规章制度、条例，建立强有力的约束机制，强化学生的体育意识和行为，促进体育锻炼风气的形成，这是校园体育文化建设的关键。加强组织管理机制应该以《中华人民共和国体育法》《国家体育锻炼标准》为基础，结合学校体育教学的《学校体育工作条例》《国家学生体质健康标准》，制定体育规章制度来加强校园体育文化的建设，以保证学校体育工作的开展。因为校园体育文化是一种具有鲜明教育意义的稳定型文化因素，只有制定相对完善的组织管理制度，并且与学校德育、智育相结合，体现出教育的整体性，才能使学生的行为受到约束，这也是创造良好体育环境的内在动因。例如，规范课堂常规，确保体育课的中心作用；制定体育管理制度，使校园体育活动走向制度化；加强体育器材、场地的管理，为体育教学和学生锻炼创造条件；等等。另外，要加强学校体育组织管理机构的建设，如学校教学体育部、学生体育部、体育俱乐部等，因为它们大多是体育规章制度的执行者，只有加强对它们的建设，学校的体育规章制度才能得以履行。同时，要加大宣传力度，培养学生的体育意识。另外，完善体育奖励制度也是非常必要的，组织管理制度只是在行为的过程中起到督促的作用，而完善体育奖励制度则能激发师生的内驱力，使其全身心投入校园体育文化建设中。无论是教师还是学生都渴望付出与回报能达到平衡，而奖励制度恰恰是达到这种平衡的砝码，一旦付出得不到应有的回报，师生就会对建设校园体育文化失去热情。例如，体育教师培养的运动员在高一级运动会上取得成绩时，应该给予体育教师奖励，体育教师在学校运动会的项目设置、评价体系的改革、组织编排等方面做出突出贡献时应该给予奖励，体育教师的指挥能力、创新能力和实践能力有较大提高时也应该给予实质性的奖励。只有这样，才能充分调动体育教师在校园体育文化建设中的积极性。而学生在校内、校际所获得的荣誉应按名次进行奖励，对学校体育有突出贡献的学生骨干和优秀干部也应给予奖励。

（四）加强对学生校园体育意识文化的培养

亚里士多德曾说过：“播种一种思想，就会收获一种行为；播种一种行为，就会收获一种习惯；播种一种习惯，就会收获一种性格；播种一种性格，就会收获一种命运。”由此可见，加强校园体育意识文化的培养，是校园体育文化建设的根基。

1. 提高学校领导对校园体育的认识

学校领导及校园体育文化管理部门应提高认识，充分发挥校园体育文化对全民健身的作用，不再将竞技成绩作为校内开展体育工作的标准，避免运动会变成筛选体育人才的工具。

2. 提高体育教师的体育意识

体育教师是校园体育文化的传播者和指导者，在校园体育文化建设中起主导作用。而体育教师对校园体育文化的认识程度直接影响了他们在校园体育文化建设中的主导作用。因此，学校要提高体育教师对校园体育文化的认识，端正其教学态度，增强其对校园体育文化建设的责任感，并制定相关工作条例督促体育教师开展教学工作。《学校体育工作条例》规定，“学校体育工作应当面向全体学生”，要求体育教师要善于创新，勇于实践，全面实施素质教育，做到人人都参加，师生齐上阵，决不落下一个学生。

3. 提高学生的体育意识

校园体育意识文化集中反映了学生的体育精神、道德观念等。在校园体育文化建设中，应充分发挥宣传工具的作用。例如，利用校园广播、体育宣传栏宣传体育知识以及我国体育健儿为国争光的事迹，宣传学校学生参加各级比赛时的拼搏精神，展示学校学生参加各种比赛的精彩图片，设立优秀运动员光荣榜等，激发学生爱国、爱校的热情和自豪感。而对于体育知识的传播，可以制作学校体育网页，开展体育知识讲座和竞赛，培养体育骨干，还可以利用手抄报、班级黑板报等进行宣传，以激发学生的体育热情。

另外，学生对体育的兴趣是提高其体育意识的重要因素，而让学生对体育产生兴趣的方法之一就是参加体育竞赛，但参加竞赛的人数是有限的，不可能让全体学生通过体育竞赛提高其对体育的兴趣。因此，有必要提高学生观摩比赛的能力。要提高学生观摩比赛的能力，就要通过教师在课堂上的传授或专题讲座、学生间的交流，让他们了解运动项目的基本规则、技术特点、项目的发展历史、曾经在该项目取得辉煌成绩的运动员等，以此提高学生对体育的兴趣。

（五）加强体育竞赛文化的建设

1. 开展校际体育比赛

目前，校际的单项友谊赛和对抗赛很受欢迎，通过组织竞赛活动，各学校互通互联，增进了沟通与交流，促进了了解，丰富了各校校园文化生活。

例如，清华大学与北京大学开展的赛艇对抗赛，在全国范围内都有很大的影响。发展至今，竞赛的水平、热度、规模及影响力等各个方面与日俱增。每次竞赛，两大学府全体师生会对此给予高度关注，众多市民纷纷前来观战，还引来了多家媒体争相报道，极大地促进了两大学府校园体育文化的建设，营造出积极正面、良好热情的校园体育文化氛围。

2. 承办各类体育赛事

随着改革开放的深入发展，各种体育赛事在中国高校如雨后春笋般蓬勃发展起来。以“发展高校篮球，培养篮球人才”为宗旨，突出教育特色，具有浓厚体育文化氛围的CUBA自1996年推出以来，在中国高校中产生了强烈反响。CUBA与国内其他赛事不同，它提出的以育人为本的篮球哲学具有浓厚的文化氛围。CUBA的口号是“打篮球是你的梦想，上大学也是你的梦想，CUBA是你圆梦的地方”。这不仅对在校大学生产生了极大的影响，还对许多中学生有较强的号召力。CUBA在大学校园里受到了学校领导的高度重视和大力支持，在比赛间隙还安排了丰富多彩、充满青春活力、富有民族特色的表演活动。更重要的是，CUBA提出将高科技与体育融为一体，培养全面型、知识型的高素质大学生运动员；提倡做文明运动员、做文明裁判员以及做文明观众，在赛场上“狂而不乱”“欢而不野”。此外，各高校应充分利用现有体育资源，承办各类体育赛事，以促进校园体育文化的建设。

例如，一年一度的“李宁——一切皆有可能”明星排球队全国校园巡回赛就是由李宁（中国）体育用品有限公司举办的公益性体育活动。排球队由中国演艺界、体育界的众多当红明星助阵，每年挑选几个在全国有广泛影响力、实力雄厚、有群众体育运动基础的大学作为开展地点，并联合多家媒体对活动进行报道和宣传。这样的活动贴近大学校园生活，带动了众多大学生对积极健康的生活方式的追求。

（六）创建高校校园体育文化活动品牌，拓宽社会主义核心价值观的教育路径

1. 挖掘地域文化资源，开展民族传统校园体育文化主题活动

高校要充分挖掘和利用地域文化资源，通过讲座、报告会、实地参观、民族传统体育活动等方式，把具有地方特色的体育传统文化与校园体育文化结合起来，使之成为培育大学生社会主义核心价值观的重要载体。

2. 发挥体育俱乐部功能，开展丰富多彩的文化活动

体育俱乐部是校园体育文化的重要组成部分。大学生体育俱乐部是由有体育运动兴趣、爱好的学生组成的体育团体，由学生自己领导、组织和管理，具有自主性、自发性和自愿性的特点，有助于提高大学生的社会

交往能力、组织管理能力和团体合作能力。因此，高校要鼓励和支持大学生体育俱乐部的发展，健全俱乐部组织管理制度，完善俱乐部成员个人档案，建立俱乐部校友信息库，增强俱乐部归属感和荣誉感；制定大学生体育俱乐部激励制度；设立校园体育文化特色活动项目专项经费，鼓励开展多姿多彩的体育俱乐部活动，将体育文化理念、社会主义核心价值观教育真正渗透到体育俱乐部活动中，使之成为校园体育文化的一道亮丽风景线。

3. 依托校园宣传阵地，打造“互联网 + 体育”的校园网络文化活动

在网络信息化时代，互联网成为文化传播的主要方式。在高校，网络文化对大学文化有着重要影响。当前，大学生主要通过网络了解体育运动和体育知识。因此，有效利用网络平台进行高校体育文化教育、宣传，不仅是时代发展的要求，更是贴近学生生活方式的需要。首先，利用好校园宣传舆论平台。高校校园宣传舆论平台主要包括校刊、校报、广播台、宣传栏、展板等，具有悠久的历史和相对固定的受众。高校要充分利用校园宣传舆论平台，用通俗的语言、鲜活的案例大力宣传体育健康知识、体育榜样人物、体育励志故事和体育精神，积极营造良好的校园体育文化氛围，无形中规范高校学生的思想和道德行为，增强大学生对社会主义核心价值观的理解。其次，抓好现代新媒体平台。以互联网和 App 为代表的新媒体深受大学生青睐。高校要运用大学生喜爱的方式，通过开通体育微博、微信，拍摄体育微电影等手段，形成校园“互联网 + 体育”的宣传新模式，增强体育的互动性、吸引力和凝聚力，切实提高大学生社会主义核心价值观教育实效。

（七）加强校园体育文化外延建设

在营造校园体育文化氛围方面，学校是主体，家庭提供良好的基础，社会则是对其有重要影响的外部环境因素。只有将三者有机结合，才能完善校园体育文化体系，营造良好的校园体育文化氛围。

1. 家庭体育文化建设

第一，家庭具有培养学生体育爱好的条件。学生的启蒙教育环境和生

活的第一个环境就是家庭。在入学前，学生在家庭教育环境中成长，入学以后仍然没有脱离家庭教育环境。家庭教育对学生的个性发展、兴趣爱好的形成起着关键性作用，对于体育兴趣的培养也不例外。首先，家庭具有体育锻炼的物质条件，如计算机、电视、报刊，这些是体育信息资源的主要来源。其次，家庭有各种运动器材，如篮球、排球、羽毛球、足球、象棋、围棋、飞镖、滑冰鞋、滑板、跳绳等。当然，根据不同家庭的经济条件、体育兴趣，这些运动设施的数量、种类是不尽相同的。最后，家庭具有体育技术指导者——父母，在没有入学前，父母是学生的第一任体育教师，和校园体育文化一样，父母在家庭体育文化建设中起着主导作用。在学校，使用过这些设备和受过相关体育技术训练的学生，比没有接触过体育的学生更容易进入学习状态，并且能够很好地掌握学习内容。毋庸置疑，家庭体育文化对校园体育文化建设具有基础性作用。

第二，加强家庭体育文化意识培养。首先，家庭教育要坚持“健康第一”的理念，这与学校体育教育应确立“健康第一”的指导思想是一致的。其次，通过学校与家庭的互动，加强家庭与学校的交流。学校可以调查表的形式了解孩子在家的锻炼情况，根据调查结果向家长介绍适合孩子锻炼的方法，同时组织家长观看学校的体育活动，邀请家长参加学校组织的交流活动，积极与家长进行交流，鼓励家长为校园体育文化建设出点子、想办法，建立学生家庭体育活动档案，督促学生长期有规律地进行体育锻炼。

第三，营造家庭体育文化氛围。首先，家长应该积极参加体育锻炼，营造家庭体育文化氛围。其次，家长应该鼓励孩子进行体育锻炼。浓厚的家庭体育文化氛围不仅有利于家庭的和睦，还有利于培养学生的体育爱好和兴趣。

2. 社区体育文化建设

社区是指具有某种互动关系和共同文化维系力的人类群体及其活动区域。随着社会的不断进步，人们对健康的要求不断提高，过去工作单位的许多功能逐渐被社区取代，社区内的体育器材越来越多，社区体育文化成为社区文化不可或缺的一部分。学生不仅是家庭成员，还是社区成员，更是社区体育文化建设中的一员，而且社区体育文化对学生体育锻炼兴趣及习惯的形成和校园体育文化的建设都起到了重要的作用。

第一，为学生提供锻炼的平台。社区配备了各式各样的体育活动设施，为学生的体育活动提供了丰富的锻炼内容，创造了充足的空间。

一些有着浓厚体育氛围、经济条件较好的社区会充分利用学生寒暑假时间，组织筹办各种集体性的体育娱乐活动，为学生提供体育活动机会。学生在体育娱乐活动中不仅能够提升身体素质，还能够提高交际能力、合作协调能力等。这是因为在学校举办的体育活动中，与学生共同参与体育活动的是朝夕相处的教师、同学及朋友，而在人员关系复杂的社区，学生会接触到不同性格、不同年龄、不同学历、不同阅历、不同行业领域的人，学生只有充分调动主观能动性，发挥社交能力，才能融入其中，在社区活动中收获健康和快乐。另外，由于社区体育缺乏专业的体育指导人员，因此掌握了专业体育技能的学生扮演着“小教师”的角色，对社区群众进行体育指导，这能锻炼学生的胆量、指导能力以及组织能力，还能巩固学生的体育技能。

第二，促进校园体育文化建设。首先，每个社区都有一定的体育活动环境，既包括自然环境，如森林、湖泊等，也包括社区的体育场馆和运动设施。学校在组织学生进行体育活动或竞赛时，可以充分利用社区资源，使学校的体育文化建设外延到社区中，以扩大学生的活动空间。其次，不同社区的体育活动各具特色，使不同社区的学生所积累的活动经验有所不同。另外，同一社区的学生可能来自不同的学校，当他们在社区一起玩耍的时候，会相互交流各自学校的体育活动内容；当不同社区的学生聚集在学校的时候，又把各自的体育锻炼经验带入学校，这就扩大了校园体育文化建设的资源。最后，随着体育消费观念的变化，许多学生参加了社区的各种俱乐部和比赛，如此，校园体育文化建设的主体也开始外延到社区。因此，一方面，应该鼓励学生参加社区体育活动，并给予相应的政策支持，如学校承认学生在社区所获得的奖项或荣誉称号。另一方面，可以凭借学校的体育设施把社区体育活动请进校园，成为营造校园体育文化氛围的一部分，同时促进了全民健身计划的实施。

3. 学校图书馆建设

图书馆是校园文化建设的一部分，它是各门学科的资料库，功能健全的图书馆可以满足教师和学生对知识的需求。体育作为一门学科，需要充实的资料作为建设基础，而资料的主要来源是图书馆。例如，学生想学习一项体育技术或想了解某个项目的竞赛规则，而当时的体育课并没有涉及相关的知识，学生可通过图书馆收藏的相关书籍来解决问题。图书馆是学生知识的资源库，但往往受图书资源稀缺和信息滞后的影响，学生的需求并没有在图书馆得到满足，从而制约了学生体育活动的多样化发展。因此，图书馆的建设必须与校园体育文化建设同步发展。首先，图书管理员必须时刻关注校园体育文化的最新动态，及时发现并补充图书馆的图书资源，把图书按照不同学科进行分类，把体育图书放在同一位置。其次，图书馆应利用现代化工具，建立学校图书馆网站，方便师生进行资料查阅。

第三节　校园体育文化的传播

一、校园体育文化传播的功能

（一）教育功能

校园体育文化属于业余文化的一种，学生更多的是通过课余时间和休息时间进行体育活动和学习体育知识。然而，体育并不仅仅是单纯的竞技性体育活动，它还是一门综合性比较强的课程。第一，我国学校体育课课时虽然较少，但系统性却非常强，系统的体育教学活动对学生身体素质的提高、体育审美观的形成以及良好的体育价值观的塑造等方面起到了很好的引导作用与教育作用。第二，学校对体育的关注度有限，但从硬件设施建设以及相关体育器材的准备方面上看却较为健全。第三，由于受不同地域文化的影响，不同学校的体育精神和体育文化各不相同。这不仅有利于提高学生的体育素质，还有利于塑造学生的人格、培养学生的品质。

（二）激励功能

学校营造积极向上的体育环境与氛围，不仅有利于增强在校学生的责任感、荣誉感和归属感，还有利于塑造其坚毅的品格，进而激励学生努力拼搏。此外，优质的校园体育文化还对学生的审美有着深远的影响。

（三）凝聚功能

校园体育文化具有一定的凝聚力。一直以来，体育都需要多人合作共同参与完成，其具有强大的魅力，体育爱好者汇聚于此。校园体育文化的建设对全校师生的工作、生活和学习有着很大的影响，校园体育文化有着较强的影响力，往往会增强师生对学校的认同感，从而激励教师认真工作、学生刻苦学习，优化师生关系，营造和谐氛围。因此，应重视校园体育文化的发展，增强师生向心力和校园文化的凝聚力，在学校、教师、学生之间建立紧密的联系。

校园体育文化的凝聚作用表现在各个方面，其中重要的表现有两点。第一，从精神层面凝聚全体教职员工。学校体育赛事是体现这种凝聚力的形式之一。人们往往通过媒体报道了解学校的赛事或体育表演。其中，吸引人的往往不是表演样式，而是学校独特的体育文化与体育精神。学生在体育赛事与活动中表现出的率真果敢、坚毅品质，比各种宣传手法更能赢得外界的认可。第二，从精神层面凝聚全校师生。优质的体育文化与体育精神能够使全校师生建立起共同的价值观，进而将学校的荣辱与个人的荣辱相结合，为共同理想与目标而奋斗。

二、校园体育课的文化传播

（一）体育课文化传播的特点

1. 强制性

体育课是促进身心和谐发展，融思想品德教育、文化科学教育、生活与体育技能教育于身体活动并使之有机结合的教育课程，是实施素质教育和培养全面发展人才的重要途径。在中国，体育课是中小学的必修课程之一，它是由体育教师根据教育部颁布的体育教学大纲并按照班级授课制的方式进行的。

2. 定期性

体育课是学生的必修课程，是学校课程体系的重要组成部分。学校统一安排体育课的时间，这就决定了体育课文化传播是定期性的。通常在中小学时期，体育课每周不少于两节，在大学时期，每周有两个课时的体育课。体育课作为一门学科，它的定期性传播能让学生潜移默化地了解体育知识和进行体育训练，同时有利于体育教学有步骤、有规律和更具科学性、规范性地进行。

3. 选择性

我国《义务教育体育与健康课程标准（2022 年版）》（以下简称《标准》）规定了各学习领域的学习目标，同时确定了依据学习目标选择教学内容的原则。各地、各校教师在制定具体的课程实施方案时，可以依据课程的学习目标，从本地、本校的实际情况出发，选用恰当的教学内容和教学方法。《标准》对教学内容的选取做了灵活的处理，在初中学段，学校可以按照《标准》中“水平四”的规定，根据学校各方面的条件和多数学生的兴趣，在每一类运动项目（如球类、田径等）中选择若干动作技能作为教学内容；在高中学段，学生可以根据学校确定的内容范围，选择一两个项目作为学习的内容。

（二）体育课文化传播的途径

1. 显性传播

体育课文化的显性传播媒介非常广泛，比如教师、体育教学设备（书籍、器材、场地等）等，特别是随着学校硬件设施和社区环境的改善，体育课的场地不再局限于教室和操场，教师也可到室内体育馆、邻近公园等场地进行教学。此外，随着体育教师专业知识水平的提高，体育知识传播的质量也得到了提高。器材是学生体育学习的重要辅助工具之一，它是学生完成体育学习和练习的重要物质基础。恰当的器材能较好地促进学生的学习，提高学生的练习兴趣，不当的体育器材会削弱学生的学习兴趣和练习兴趣。学生因身体素质、兴趣爱好和生活经验不同，对器材也有不同的要求。因此，在教学中，学校应尽可能地给学生提供多种器材，让学生自己选择，使每个学生都参与到体育学习中。在体育教学过程中，体育教师担当的不仅是体育知识的传播者角色，还是体育教练员。可以说，体育教师是一个多功能的传播"窗口"，学生通过这一"窗口"可以学到很多体育运动技能和体育知识。体育教师更加贴近学生，了解学生所想、解决学生所问、满足学生所需，因而教师的传播效果更加明显。

2. 隐性传播

（1）通过学生个性传播。《标准》对学生的学习、体育以及生活提出了新的要求，强调教师应重视学生学习主体的地位及身份，重视学生在体育活动、学习生活中的感受，强调培养学生正确的价值观念，《标准》取代了过去的教学框架和教学大纲。在《标准》的要求下，体育课文化传播方式已不再局限于教师的主观意识表现，也不再局限于教学大纲安排的内容中，而是由学生的兴趣爱好决定，学生的兴趣及未来的发展方向成了对体育文化传播方式影响较大的因素之一。"兴趣是最好的老师"，在兴趣的加持下，学生对体育课程的接受程度将大大提高，会积极自主地投入学习之中。因此，虽然体育课的具体课程内容由教师制定，但体育课的教学内容、体育文化传播的内容是由学生的兴趣爱好及个性发展决定的。

（2）通过体育课堂氛围传播。体育课堂氛围受多方面因素影响，包括教学环境、教师素质、课堂纪律等。一堂成功的体育课离不开良好的教学环境，这是非常重要的。在一个器材摆放有序、场地布局合理的环境下进行体育教学，学生会认同这个体育学习的环境，容易以最短的时间投入体育课的学习中。同时，教师素质也是不可忽略的因素，因为教师的一句话或一个动作都是一种传播源，很容易被学生模仿。因此，品德高尚的体育教师可以通过一种超然的气质来征服学生。此外，课堂纪律也是至关重要的因素之一，严肃的课堂纪律能让学生认真地进行体育课程的学习，加速体育文化的传播。

（3）通过传统体育文化渲染。我国的乒乓球运动水平在国际上一直处于领先地位，是我国体育项目中的骄傲，所以乒乓球在中国家喻户晓。在中国，乒乓球运动随处可见，它已成为我国的传统体育项目。同理，学校也有传统体育项目，学校的学生同样会对其传统体育项目感到自豪。这种浓厚的传统体育项目氛围会激发学生的兴趣，在无形之中，该传统体育项目便在学生脑海里生根发芽。整个过程不需要学校的硬性规定和教师的课程要求，是一种隐性的体育文化渲染，而且效果好，影响深远。

三、微时代校园体育文化的传播

（一）校园体育文化在微信中的传播

微信自 2011 年 1 月横空出世以来，深受广大用户的追捧和喜爱，其用户数量在短短数月内迅猛增长。微信用户量的快速增长和现有的庞大用户基数凸显了微信的传播价值。微信传播具有优于其他网络媒体的到达率、精准度、接受度和便利性，从而迅速发展为网络信息的主要传播方式。为满足用户的需求，腾讯于 2012 年 8 月 18 日正式开通微信公众平台，许多企业以及个人纷纷建立微信公众号。

在当今校园中，微信公众号也相当普及，学校官方微信公众号在教职员工以及学生中有不少的“铁粉”。各个体育协会也有自己的官方微信公众号，引起了不少体育迷的关注。

1. 微信对体育精神文化的传播

校园体育精神文化传播在微信这一传播渠道中主要包括体育观念、体育道德、体育情感和体育理想的传播。通过对学生接收体育观念、体育道德、体育情感和体育理想状况的了解，可以为体育精神文化传播建言献策。

微信对校园体育精神文化的传播总体上说比较理想，学生通过微信可以很好地接收体育精神文化中的体育观念、体育道德、体育理想这三方面信息，但对体育情感相关信息的接收不是很理想，这说明微信传播仍有提升空间。微信传播主要得益于智能手机的发展，微信通过优美的文字、图片、视频让广大学生直观地了解校园体育文化。

2. 微信对体育物质文化的传播

校园体育物质文化传播在微信这一传播渠道中主要包括体育场地、体育器材和体育服装的传播。通过对学生接收体育场地、体育器材和体育服装状况的了解，可以为体育物质文化传播建言献策，也可以为微信在体育物质文化方面的传播提出可行性建议。

学生从微信中接收校园体育物质文化的情况不是很理想，学生在微时代的微信传播中对于体育物质文化没有太多的了解和关注。

3. 微信对体育制度文化的传播

校园体育制度文化传播在微信这一传播渠道中主要包括体育传统、体育制度、体育规则和体育知识的传播。通过对学生接收体育传统、体育制度、体育规则和体育知识状况的了解，可以为体育制度文化传播建言献策，制定相关体育竞赛规则，也可以为微信在体育制度文化方面的传播提出可行性建议。

学生从微信中接收校园体育制度文化的情况较好，校园体育制度文化在微信中的传播比较理想。

4. 微信对体育行为文化传播

校园体育行为文化传播在微信这一传播渠道中主要包括体育竞赛、体育教学和体育锻炼的传播。通过对学生接收体育竞赛、体育教学和体育锻炼状况的了解，可以为体育行为文化传播建言献策，也可以为微信在体育行为文化方面的传播提出可行性建议。

学生从微信中接收校园体育行为文化情况较好，在学校大型运动会、体育文化节及各学院举办的运动会上，学校官方微信公众号和各学院的微信公众号都会对其进行报道，为学生的体育锻炼提供科学的锻炼知识和方法。

（二）微时代校园体育文化传播的引导策略

1. 提高传播者的综合素质

提高传播者的综合素质，对传播者进行专业知识培训，可以提高传播信息的真实性以及传播信息的质量，为体育文化传播创造优良的环境。对传播者进行专业技术培训，也可以让传播者更加了解传播学，了解体育学，充分发挥各种传播方式的优点，对体育文化进行深度传播，让更多的人了解体育文化，发扬体育文化。

校园体育文化传播者可以是政府官员，也可以是新闻记者，还可以是普通群众，当然主要的传播者应该是校园的学生以及教师，如学校的宣传部门、体育俱乐部、体育社团中的学生和教师。传播者在传播校园体育文化时应具有较好的筛选体育信息的能力，对那些不良信息要坚决抵制，并与相关发布者进行沟通交流，相互帮助、共同进步，为校园体育文化传播做出贡献。由此可见，传播者必须具备较强的专业素养，包括较高的政治思想觉悟、较高的道德素质和良好的业务素质，也必须具有扎实的校园体育文化理论知识，为受众者提供优良的体育文化内容。

2. 拓展体育文化传播渠道

目前，校园体育文化传播渠道多种多样，包括各类体育协会、体育传媒以及各类 App，但是体育文化的传播方式和内容大相径庭，微时代校园体育文化的传播方式，需要整合校园体育文化的传播渠道和相关资源，充分利用各个传播渠道的优点，促进校园体育文化的和谐发展。利用好传统媒体中的报纸、电视、广播和微时代的微信、微博等的传播优点。传播组织和传媒应进行有效的沟通，如校园体育协会或体育社团创建自己的微信公众号、微博，让更多人通过这类平台了解所需的体育信息，并积极组织传播者与体育新闻记者进行交流、沟通和学习，让每个传播组织和媒介都充分发挥自己的特长，取长补短，避免媒体之间出现恶意竞争的现象。

3. 进一步优化传播内容

传播内容是校园体育文化传播的核心，是需要向受众者宣传的校园体育文化内容，传播内容的深度决定了校园体育文化传播的质量，这需要传播者在了解受众者以及传播环境后传播受众者所需要的内容。目前，我国各校园内所传播的内容多是校运会和学院各种项目比赛等校内竞赛体育类的知识讲座。传播内容过于单一，仅宣传体育运动和比赛是远远不够的，传播校园体育文化需要让传播内容更加丰富、更加完善，让精神文化、物质文化、制度文化、教育文化、行为文化齐头并进，这样不仅有利于校园体育文化的传播，还有利于校园体育文化以及校园文化的建设与发展。

4. 健全校园体育文化传播监管机制

当前，校园体育文化市场缺乏有效的、科学合理的监督、管理、惩罚机制。相关部门要规范体育文化的报道内容，使其真实、健康，对不真实、不健康的报道内容以及不良的体育意识形态进行“和谐”处理，并对传播者进行处罚。在传播过程中，体育新闻记者和体育信息传播者要遵守职业道德，注重个人修养，杜绝虚假体育新闻报道。体育文化传播单位要具备相关的资质。建立科学合理的体育文化传播监管机制，并定期对传播单位进行科学评估和考核。还可以建立群众监督和政府监督双模式，建立起体育文化传播同受众者之间沟通的桥梁。对不合格的校园体育文化传播单位以及平台进行限期整改，整改无结果的，政府以及相关部门应取消其体育信息传播的相关资质。

校园体育文化传播的监督管理不仅仅需要政府以及相关部门下功夫，学校也要做好相关工作，积极引导学生树立正确的体育精神和观念，让学生接收到更多的体育文化知识。学生既是受众者又是传播者，学校要多组织学生进行相关知识的学习，加强学生的思想政治教育，让学生主动传播优秀的体育文化。

四、校园体育活动的传播

（一）校园体育活动传播的价值

1. 丰富校园体育文化

现在的学校体育活动不再局限于增强学生的体质，它已经成为真正意义上的文化活动。根据文化要素划分，校园体育文化可分为意识文化、行为文化和物质文化三部分，学校体育活动是以传播校园体育文化为基点，将三种文化渗透其中，潜移默化地对学生进行教育的。同时，学校体育活动是将体育理论用于实践的平台，是学生身心得到调整的有效方式，也是学生施展才华的舞台。因此，对学校体育活动进行传播，引导学生积极参加体育活动，这种健康有效的方式可以缓解学生学习的压力。此外，在体育活动过程中，学生可以学习到锻炼技能、体育精神、体育规则等，更深层次地了解校园体育文化。

2. 增强学生的终身体育意识

我国在校生数量巨大，可以说，抓住了学生的体育活动，也就抓住了全民健身。学生时代是进行体育活动最好的时期，是培养学生终身体育意识的最佳阶段。法国教育家保尔·朗格朗在《终身教育引论》中指出，如果将学校体育看作无足轻重的事，不重视学校体育，那么学生进入成年阶段后，体育活动就不存在了。所以，在学校进行体育活动传播是非常有必要的。首先，长期的体育活动传播有利于学生终身体育习惯的养成。其次，学生在运动中掌握运动技术、技能和体育理论知识，将提高终身体育锻炼能力。

3. 完善学校体育课程

学校体育活动实际上就是体育课的延伸，体育教学的绝大部分内容是竞技运动的技术、技能，要掌握这些内容必须通过反复的身体练习。而课堂时间有限，学生运动技术不可能在两个课时的时间里掌握，学校课外体育活动可以帮助学生巩固课堂上所学的内容，而且课外体育活动在时间上的灵活性很大，可以因人而异。此外，由于当代学生对体育知识的要求越来越高，学校体育活动是一个“大课堂”，它拥有丰富的体育知识资源，可为学生提供更大的选择空间，学生在课堂上学不到的东西，可以通过学校体育活动来学习。所以，加强学校体育活动的传播在很大程度上就是完善体育课程的内容以及教学目标。

（二）校园体育活动传播的途径

1. 体育竞赛

20 世纪初期，竞技体育被国外一些专家看作一种公民的素质、一种文化生活、一种独特的精神崇拜。他们深信，竞技体育可以培养青年人进入社会生活的能力，有助于增强青年人的身体素质，培养青年人的自信心，使青年人形成良好的性格和意志品质。近年来，我国先后建立了几十所培养高水平运动队的试点大学和近 300 所培养体育后备人才的试点中学，并定期召开全国大学生、中学生运动会，有力地推动了学校体育运动的开展和竞技体育水平的提高。这种以竞技体育的优势项目带动学校体育开展的方式，既提高了学校体育在整个教育中的地位，又大大促进了校园体育文化的发展，更丰富了校园文化生活。此外，校园内的各种体育竞赛也是校园体育文化不可缺少的一部分，是一种独特的教育方式，如通过体育竞赛，培养学生的竞争意识以及良好的社会道德与合作精神。目前，很多学校开始重视学校体育竞赛，每学期会举行各式各样的体育竞赛，并取得了良好效果。

2. 体育文化节

校园体育文化节是在树立健康思想的基础上，结合体育精神、体育价值观念、体育道德、体育行为等开展的体育活动，与体育竞赛活动相比多了“快乐”的成分，师生通过体育文化节不但感受到了节日的快乐，而且身心得到了良好的锻炼。一般体育文化节可分三个步骤进行。一是节前的氛围渲染，让全体师生以浓厚的兴趣投入体育文化节。节前的氛围渲染可以是对节日内容的宣传、对活动技术的培训以及对节日环境的装饰等。二是在体育文化节中互动，师生一起参与体育文化节组织工作，向学校体育组织提出活动设想，收集有关体育与健康的资料，采取图片展览、文字解说、网上发布、现场宣讲等多种形式在全校展出、宣传。三是学校举办颁奖仪式，表彰竞赛优胜队，奖励活动组织、创意优秀人员，大力宣传体育精神，并在全体师生中开展“我在校园体育文化节中”征文活动，及时交流各自的感受。

3. 日常体育活动

日常体育活动较体育竞赛和体育文化节，具有更大的普遍性，它是学生自发的或有组织的日常体育活动。尽管如此，日常体育活动还是不能脱离健康思想的基础，在巩固课堂教学内容的同时，通过组织丰富多彩的活动来活跃学生的生活，促进学生体格、体能的完善和发展，培养学生对体育的兴趣、坚强的意志和良好的社会情感，建立良好的人际关系。而作为一种发散型的体育活动，其体育健康思想的统一、活动内容的科学性是很难控制的，而且它与学生体育习惯的养成息息相关，这就要求学校在日常体育活动的传播过程中掌控其体育健康思想的方向以及内容的科学性。同时，日常体育活动传播应该遵循体育运动的连贯性。健康的身体不是一次体育锻炼就能拥有的，它要求学生经常参加体育锻炼。例如，必须保证每天一小时的锻炼时间，不得以任何方式占用，如有违反不能评优评先，主要责任人必须接受学校处分。

第七章　全民健身背景下社区体育文化的建设与传播

第一节　体育与社区文化概述

一、相关概念

（一）社区

社区是居民社会生活的载体，若没有社区这一载体，社区文化就无从谈起。德国社会学家滕尼斯在1887年发表的著作《共同体与社会》中首次提出了“社区”这一概念。他所谓的社区是通过血缘、邻里和朋友关系建立起来的人群组合，其居民的生活方式特征是“亲密无间的、与世隔绝的、排外的共同生活”，社区成员有共同的善恶观念、共同的目标，支配他们生活行为的是“我们”“我们的”意识。

我国社会学者对社区的研究始于20世纪80年代末。我国学者将社区界定为聚集在相对独立的区域内，通过社会交往而形成的人口共同体。20世纪90年代中后期，对社区的研究视野则更为开阔，逐渐从静态研究向透过社区本身，关注人类的社会行为转变。对社区的定义范围也更为开阔，对社区的研究中加入了对人类社会行为与互动、社区生活方式、组织制度和文化维系力等方面的探讨。《中国大百科全书：社会学》认为社区由以下几个要素构成：人口、地域、经济，社区的专业分工和相互依赖的关系，共同的文化与制度，居民的凝聚力与归属感，为社区服务的公共设施。

城市的文明与社会同步，城市社区代表了社区的发展方向，而本书所要探讨的社区体育文化旨在为社区文化建设做引导，因此本部分所论述的社区是城市社区。城市社区一般指经过社区体制改革后做了规模调整的居民委员会辖区。

（二）社区文化

在我国，“社区文化”一词是在20世纪80年代后期提出的。随着社区服务的兴起，民政部门为了满足社区居民多方面的生活需求，不断完善十大服务体系，其中有“社区文化”的提法。社区是一种空间的文化，是居民广泛的生活方式的表现，人们在特定的区域内存在相互依存的关系，形成了相近的价值观和认同感，共同创造了家园式的社区文化。

二、体育对社区文化的影响

社区体育设施的不断完善推动了社区文化建设。人们依靠社区文化，进一步从社区中挖掘体育资源，开辟了一条体育与社区文化共同发展的道路。社区体育的发展，必然影响社区文化的建设和进步。社区体育的发展对社区文化建设的影响主要表现为以下六个功能。

（一）整合导向功能

社区整合是指社区内趋势都有一种共同的取向，社区中人们都有一种参与感和认同感，并且社区中每种互相依赖的关系都顺利地突破阻碍，对整个社区有所贡献。社区整合包括四个方面：文化整合、规范整合、参与整合和功能整合。现代城市新建生活小区的居民构成复杂，人们的价值观念、行为方式，甚至语言、风俗都存在差异。因此，人们以所能接受的活动形式为载体，积极开展社区内的体育娱乐活动，充分发挥社区中各社会群体的作用，重视价值观念的整合，解决社区中的矛盾、冲突，在体育活动中确立个人与群体的行为准则，使社区的居民关系更加融洽，进而把社区成员的行为纳入一定的轨道和模式，以维持社会秩序，体现社区体育工作的整合功能。

（二）心理凝聚功能

在社会系统中，将个体凝聚起来依靠的是心理力量，而不是生物力量。社区体育就是一种黏合剂，它以种种微妙的方式，沟通人们的思想感情，融合人们的生活方式和道德情操，培养和激发人们的群体意识。由于城市规模的持续扩大，家用轿车的普及，人们的活动空间不断扩大，人们的活动不一定局限在本社区。社区体育将由社区内开展的健身活动，发展成由社区组织的各种体育文化娱乐活动。社区间的竞赛活动、社区组织的旅游活动都将成为社区体育的组成部分。以这样的形式开展的体育文化娱乐活动，满足了人们对“群体”的需要，沟通了人们的情感。在这些活动中，人们认识到自己对社区应负的责任和应尽的义务，并通过亲身体验，增强了对本社区的自豪感和归属感。这样，社区居民就会自觉地将自己的价值目标、思想感情与所属社区联系起来，从而增强社区居民的向心力和凝聚力，营造良好的社区文化氛围。

（三）社会沟通功能

社区体育不仅具有增强社区内的人际沟通的功能，还有助于社区与社区、社区与社会之间的沟通。社区体育是社区居民间相互联络、增进感情、加深了解、沟通关系的纽带和桥梁。随着电子时代的到来，人们与社会的接触面越来越窄，看电视、上网成为人们与外界接触的基本方式。然而这种“坐下来”的方式只能使人们被动地体验生活，人际关系逐渐淡化，社会交往也随之减少。社区体育的各种活动方式易于把社区成员吸引到一起，使社区的居民投入更为广阔的人际交往空间中，营造一种亲善、和谐的氛围，密切人与人之间、人与社会之间、社区与社会之间的联系。

（四）行为规范功能

社区文化体现着社区居民的价值取向、道德评价和感情色彩，它一经产生并被社区居民认同，便会对社区居民产生影响，规范他们的行为。当社区体育文化的力量把广大社区成员的思想和行为统一到共同目标的实现上时，对背离目标的思想、行为便产生了约束。这种约束机制和力量来自社区体育文化。因为社区体育文化一经形成，就具有一种“体育文化定式”，使人们按照一定的行为模式去思考和行动，而有悖于这一行为模式的思维和行为就会与此格格不入。社区体育文化建设的目的在于减少对居民的外在约束，增强居民自我约束、自我控制的能力。这种规范功能所涵盖的范围有些是法律约束所难以达到和不可替代的。

（五）文化传承功能

社区文化凝聚着该社区居民的集体智慧和创造精神。社区体育文化是在社区体育中产生，在社区居民中逐代传承并发展至今的。社区体育文化的传承功能表现在两方面：一方面，它将社区中居民创造的人文精神固化下来，通过家庭体育代代相传，使优秀的社区文化得以延续；另一方面，它吸收、融合社区主导文化，承袭以往的优秀社区文化，并加以革新、改造，再流传下来，并发扬光大。社区文化在其传承过程中影响和塑造着一代又一代的文化传承载体——社区居民，使其人格心理特征打上了社区文化的烙印。

（六）协调发展功能

改革会对社会各个层面的利益调整，这必然会引发一些新的社会矛盾，而社区往往是这类矛盾和摩擦相对集中的地方。社区体育的调节作用，可以使这些矛盾得到缓解，以达到维持社会稳定、促进社会和谐的目的。社区体育的调节作用强调的是人的自觉调节和自我调节。社区体育要求社区体育管理者尊重人、关心人、爱护人，协调好各方关系，通过丰富多彩的体育娱乐活动和深入细致的思想政治工作，沟通社区管理者与居民之间、居民与居民之间的感情，缓解或消除各种矛盾和不利因素，形成和谐的人际关系。

三、社区文化对体育的促进作用

（一）城市社区文化的复合形态促进社区体育向小区体育形式发展

21世纪，城市社区文化由原来的初级形态逐渐向复合形态发展，即城市社区文化的发展模式由以政府推动为主向以市场推动为主、政府推动为辅发展。市场力量和现代技术文明的发展，使广大人民群众获得了更多的可自由支配的收入与时间，扩大了自由活动空间。

市场的力量打破了国家对社会生活的垄断，也使个人和社会力量有可能进入过去由身份制、单位制、行政制等体制所控制与管理的空间，如文化、体育、艺术等过去极具敏感性的领域。特别是近几年来，城市化进程的加快和城市的大规模开发，使城市的社区景观文化有了质的改变。在这种情况下，两个较为突出的现象出现了：一是居民生活的小区化现象和随之产生的一系列小区生活服务配套问题；二是社区精神文明建设采用以建设“文明小区”为重点的工作路线，以小区为单位的精神文明正在深入，强化了小区文化和小区组织结构的建设。为适应社区发展的需要，社区体育组织结构也将从街道向小区层次转化。

（二）社区文化活动组织形式的改变促进小区体育组织结构的变革

社区是一种地域性的小社会。由于社区居民的个人经历、文化教养、兴趣爱好各不相同，其审美格调也大相径庭。非组织化的文化活动很可能造成格调低下的结局，组织化的社区文化活动能够抑制自由放任式的发展，引导社区文化提高层次，但过度组织化的文化活动会造成社区文化本质属性的丧失。同时，行政组织化的社区文化活动会出现经费限制的问题。政府部门组织的社区文化体育活动会受到限制。这种发展模式忽视了城市社区自治组织的建设，使社区文化建设的步伐相对缓慢，而且难以适应新形势的发展需要。社区体育包含在社区文化之中，鉴于这种形势，社区体育的发展不再完全依靠政府，而是更多地动员社会力量。同样，小区体育行政管理机构也由过去的包办体育向主管体育发展，逐步将主办权下放至小区体育组织，突出小区体育组织在开展小区体育活动中的主导作用。小区体育组织利用小区内的体育资源，依靠组织成员的力量，自我经营、自我管理、自我服务，加快体育社会化的进程，实施全民健身计划。

（三）社区成员的参与意识是小区体育发展的内在动力

社区文化建设的意义在于培养和加强社区成员的参与意识。社区居民参与的过程就是社区居民自觉自愿参加社区各种活动，培养现代文明意识的过程。社区居民作为具有主观能动性的主体，在参与社区文化建设的过程中，对体育发展的推动作用主要体现在三个方面。第一，社区居民是改革社区体育的活跃力量。通过加强社区文化建设，社区居民积极参与并自发地组织活动，建立起能够自我管理、自我服务、自我协调、自我监督的独立的体育社团组织。第二，社区居民是推动社区体育事业发展的突出力量。随着经济的发展，生活水平的提高，城市居民的社会需求呈现出多样化的趋势。他们不再仅仅满足于吃好、穿好、住好，还要求有良好的体育锻炼环境、完善的体育设施，这些对小区体育发展提出了更高的要求。第三，社区居民是开展社区体育活动，形成体育文明的重要力量。社区是体育活动的动感地带和创新地带，社区居民是体育文化的创建者，他们崇尚健康生活、追求进步、积极向上，在推动体育风尚过程中发挥着重要的作用。

（四）信息化对小区体育建设起到促进作用

随着互联网技术的发展，信息化正在走进城市社区，进入千家万户。社区体育与网络日趋密切的关系，不仅使社区居民的体育生活方式发生了深刻变化，还为社区体育建设提供了巨大的发展空间和平台，在促进社区体育文化创建活动方面也发挥着重要的作用。当前，许多小区已经实行了信息化管理，其中很大一部分小区已经建立了自己的网站，在小区体育文化建设中起到了积极的作用，并使小区居民与网络的关系日趋密切。生活方式正在发生变化，居民在小区信息化建设中表现出较强的参与意识，网络文化在一定程度上改变着小区居民的生活方式，而体育文化和网络文化作为社会文化的重要组成部分，已经随着互联网在小区群体中的深入成为小区居民闲暇生活中的重要选择和主流趋势，成为他们生活中不可缺少的组成部分。

第二节　社区体育文化的建设与传播策略

一、社区体育文化的概念与结构

社区体育文化是在社区体育的建设与发展中形成的一种体育文化现象。综合前文社区体育和体育文化的概念，作为两者的下位概念，社区体育文化是以社区体育器材、设施等物质基础为载体，社区居民广泛参与，以增进身心健康，增强社区责任感和认同感，以实现社区和谐发展为目的的具有特殊价值的文化活动。由此可以说明社区体育文化包含物质、行为和精神要素。根据文化以及社区文化的概念，社区体育文化作为人类的一种特殊的体育行为方式，可以划分为物质、行为和精神三个层面。

（1）社区体育文化的物质层面。社区体育物质文化是指社区居民利用社区内的场地、设施和器材，通过各种运动形式，采取个体或群体的方式，达到改变自身生理机能和强身健体的目的，从而实现对个体的物理改造、发展和精神的塑造，进而产生的文化形态。社区体育物质文化以一种独特的文化形式存在于社区文化生活之中，从侧面反映了社区体育文化内涵、历史、现状、发展趋势等信息。

（2）社区体育文化的行为层面。从广义上说，社区体育行为不仅包括进行体育活动时充分考虑人身心发展的阶段性与差异性，遵循解剖学与生理学的规律，在参加体育活动时应遵循人的机体工作能力的发展变化规律，还包括遵守规范，进行文化创造活动。本书所说的社区体育文化的行为层面分为两方面：一方面是社区体育文化规范，包括社区体育活动中的制度、条例、规则、规章以及社区成员在社区体育实践中约定俗成的行为规范，如体育传统、规范等；另一方面是社区居民的体育行为方式。行为层面的文化居于社区体育文化的中层，是指社区居民体育活动构成的文化。行为就是人们日常生活中所表现出来的活动，由此可知，凡是与社区体育发生联系的行为活动都可以被看作社区体育行为。这些活动既包括社区体育行为的主要表现形式和运动本身的行为，也包括社区体育的组织、管理、宣传、消费等方面的行为活动。

（3）社区体育文化的精神层面。社区体育文化在其成为一种文化形态的过程中，逐渐具备了精神娱乐功能，是社区居民的一种自我完善方式与精神生活样式。精神形态的社区文化是占主导地位的文化，主要反映社区体育的精神、价值观念、道德风尚等，居于社区体育文化的深层。社区体育文化对社区居民的生命观、健康观、体育观、道德观、审美观、文化观、娱乐观等价值观念的改造，推动着社区居民自身的发展。精神层面的社区体育文化是受一定的社会文化背景、意识形态影响而形成的精神成果和文化观念，更多地表现为社区体育思维方式、生活方式、风俗习惯等在长期的社会发展和文化发展中形成的独具特色的内容。在社区体育文化中只有身体和心理一致，才能使体育运动的多种功能作用于生物的、精神的、社会的人，社区体育精神文化形态对社区的和谐发展与社区居民的身心健康有着重要作用。

二、社区体育文化的特征

（一）娱乐性和低技能性

社区体育的主要对象是社区居民。社区居民参与体育锻炼的目的，不是提高运动技术水平，而是使身体健康、形体健美、精神愉悦。这就决定了社区体育具有娱乐性的特点，并不追求体育技能的提高。

（二）自控性与个人针对性

社区体育的实践活动是社区居民在业余时间自愿开展的体育活动。社区居民可根据自己的种族、性别、年龄、职业、兴趣爱好、健康状况等选择适合自己的体育形式，在时间等条件允许的情况下进行自我调整。显然，社区居民参与社区体育活动不是被别人要求的，而是针对自己的实际情况，自我调节与控制的。对于体育项目，社区居民也是根据自己的兴趣、爱好和身体条件等因素有针对性地进行选择的。

（三）随意性和自觉性

无论在社区体育场馆、公园绿地，还是在社区活动中心，只要人们具有健身意识，愿意从事适合自己的健身活动，都可随意选择合适的内容与形式进行锻炼。因此，随意性与自觉性也是社区体育的显著特点之一。

三、社区体育文化发展的模式

（一）社区体育文化发展的小区模式

1. 社区辐射型体育组织模式

我国社区体育发展之初，因受国家体育体制发展的影响，采取的是行政管理制。采取行政管理制是一种必然，便于小区不同层次的体育活动的广泛开展，同时能控制活动规模，从而形成行政主导的社区体育组织，并呈现出辐射型的组织结构（图 7–1）。该模式有着行政管理体系的特征，在组织结构上主要表现为多层次的体育组织特征。

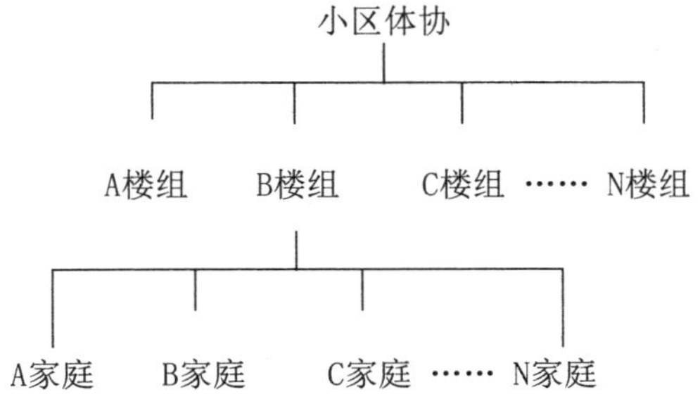

图 7–1　辐射型组织结构

就长期来看，以行政为主导的社区体育组织管理体制必然会向着更加民主化、以社区居民为主导的方向发展。

2. 社区网络状体育组织模式

随着社区体育的不断发展，居民在社区体育中的地位越来越高，并成为社区体育组织的主要领导者。这一时期，大多是民间、行政共建体育组织，构建社团主导型的体育组织系统。

在社区行政主导的基础上，社区体育的基础设施不断完善。同时，基层体育部门的主要职责是在社区体育的发展中给予指导和财政支持，社区组织更多依靠社区居民自建，在行政指导和居民自建的基础上，形成了网络状的组织结构（图 7–2）。该社区体育组织模式具有社团组织管理体系的特征，由社区行政给予人力、物力、财力支持。

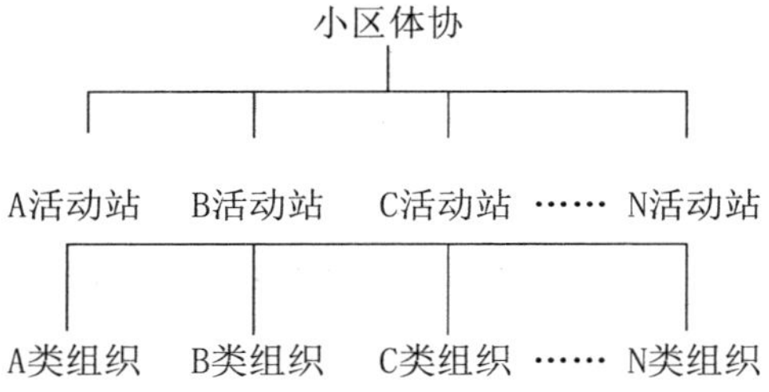

图 7–2　网络状组织结构

3. 社区独立体育组织模式

现阶段，随着居民的组织和领导地位进一步上升，我国社区体育组织逐渐发展成由居民自由结合而成立的社区俱乐部组织，呈现出独立型的组织结构（图 7–3）。

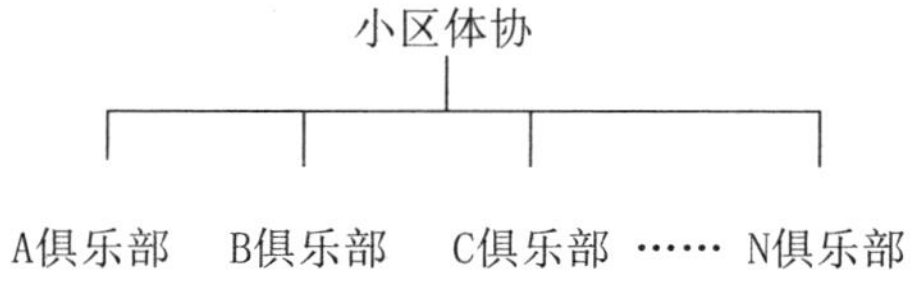

图 7–3　独立型组织结构

这一阶段，社区体育的主要任务是构建会员制俱乐部组织结构，采用自主管理，以独立经营的俱乐部模式为特征，社区行政管理的权利进一步弱化，主要利用体育政策、法规进行宏观调控。

（二）社区体育文化发展的学区模式

1. 学区模式的特点

学区体育是现阶段面向社会开放学校体育资源，实现社会与学校体育资源共享的一种新型社区体育形式。

社区体育文化发展的学区模式不以行政区域为划分标准，而是以学校（一个或数个）为中心，向周边社区辐射，以学校为主要活动场所，以居民和学生为参与对象，依托学校丰富的体育资源，开展丰富多彩的体育活动。

社区体育文化发展的学区模式的构建，可以实现学校和社区体育资源的共享，以营造良好的校园与社区体育文化氛围，两者相互促进，共同发展。

2. 学区模式的构建基础

从发展现状来看，社区体育文化发展的学区模式在建立过程中存在着诸多问题。例如，学校体育资源对包括社区居民在内的社会大众的开放，由于责、权、利不清，服务对象与管理办法不明确等，导致学校体育设施器材的使用频率大幅提高，维护难度也相应增加。同时，管理成本也大大增加了学校的负担。

学校体育资源、体育管理的开放，加强了其与社区的联系，同社区成为一个整体。同时，必须充分考虑学校体育活动的正常开展、体育资源损耗、体育运动安全以及学生安全管理等多方面的因素，只有合理解决这些问题，才能促进社区体育文化发展的学区模式的建立。

当前，建立社区体育文化发展的学区模式，必须做好以下几个方面的工作。

（1）以学校为中心进行学区范围的划分，与校方保持联系，共同商议建立学区模式。

（2）成立学校体育设施对外开放管理委员会，以便对体育设施的对外开放与使用进行管理。

（3）学校联系社区，通过举办各种体育辅导班来吸引社区居民积极参与，从而提高其健身水平。

（4）社区积极寻找学区体育志愿者对学区居民的体育活动进行辅导。

（5）学校与社区共同开展体育竞赛，制订活动计划，在各个层次上进行竞赛。

（6）定期举办社区青少年学生和家长协同参加的社区体育活动或竞赛，激发居民参与社区体育的热情。

（三）社区体育文化发展的俱乐部模式

1. 社区体育俱乐部模式的特点

社区体育俱乐部模式的特色在于，与社区的实际相结合，能最大限度地利用社区中的体育设施，最大限度地调动社区居民参与社区体育活动的积极性和主动性，使社区形成良好的体育锻炼氛围。

2. 社区体育俱乐部模式的构建要求

在社会发展和市场经济发展条件下，依托社区的自然环境与人文环境，构建社区体育俱乐部至关重要，要促进社区体育俱乐部模式的良好构建与发展，应重点考虑以下因素。

（1）服务目标群体因素。稳定的消费群体是体育俱乐部发展的重要基础，在社区体育俱乐部创建之初，要做好以下几点。

第一，进行市场调查。市场调查的内容包括地理位置、竞争对手、消费水平、消费习惯以及行业态势等诸多因素。社区体育俱乐部只有建立在现实需要的基础上，才能明确经营方向和范围，为目标人群提供精确的服务。

第二，明确目标市场。在市场调查的基础上，充分了解社区的个性化特征，分析市场形成的可行性。具体来说，就是要针对目标群体进行研究（包括年龄、收入、文化、职业、爱好等），确定市场是否成熟、怎样投资、投资额如何设定等。

第三，实施差别化经营。当前，我国健身市场竞争激烈，社区体育俱乐部要想在市场中站稳脚跟，就必须制定科学的组织、经营与管理策略。例如，通过适当的促销提高社区体育俱乐部在消费者当中的亲和力；针对上班一族锻炼时段固定的情况，借助价格、超值服务等手段对经营范围进行调整，以确保每天不同时段都有适量的锻炼人数，从而保证良好的健身效果和资源的有效利用；要求俱乐部的服务人员对每个健身者的需求有详尽了解，针对不同健身个体之间的需求拟定差异化的、个性化的健身服务。

第四，提供优质服务。不断提升服务质量是社区体育俱乐部发展的核心。对于体育消费者——健身锻炼者来说，服务会影响其体育消费的忠诚度，健身者会以自己所受到的消费服务的满意度来评价服务质量，好的健身服务会使健身者向亲友推荐这一俱乐部，扩大俱乐部的消费人群。因此，社区体育俱乐部要充分发挥自己的优势，对俱乐部的服务人员进行专业性的服务培训，使其服务水平不断提高，为体育消费者提供舒适、细致的服务，建立体育消费者与俱乐部的融洽关系，使体育消费者与俱乐部各取所需。

（2）权重因素。商业化经营需要充分了解市场经济的特点、规律和影响要素，如此才能实现经济利益的最大化。

对影响市场的三个因素的具体分析如下。

第一，人口。一定量的人口是组成市场的重要因素，近年来，我国的人口发展状况呈现出两方面的特点：一方面，农村人口大量流入城市，城市流动人口数量倍增；另一方面，晚婚趋势明显，同时离婚率增高。在分析人口因素时，我国社区居民的年龄结构、生活方式也是重要的考量因素。

第二，购买力。经济环境是决定消费者购买力强弱的重要因素，消费者购买力强弱与收入、价格、储蓄和信贷等多种因素有关。

第三，购买欲望。购买欲望是指消费者得到那些满足自身需要的特殊物品和服务的愿望。

在社区体育俱乐部的发展中，消费者对健身服务的购买欲望与社区体育俱乐部的服务质量、服务价格、品牌形象、服务环境和地理位置等诸多因素密切相关。

综上分析，社区体育俱乐部要想不断扩大体育市场，吸引更多体育消费者，提高顾客忠诚度，就必须做好以下工作。

首先，提高质量。在价格相同的基础上，提高服务质量。

其次，调整价格。当俱乐部之间提供的服务质量水平相当时，价格会影响消费者的购买欲望，可适当调整服务价格。

再次，科学选址。社区体育俱乐部属于区域经济范畴，人们往往会选择交通便利、周边环境宜人的俱乐部健身，所以社区体育俱乐部的选址是较为重要的因素之一。

最后，加强宣传。培育与发展消费市场是社区体育俱乐部持续经营和发展的基础。为扩大和发展市场，社区体育俱乐部应做好宣传工作，不断提高俱乐部的知名度与美誉度。一方面，社区体育俱乐部可以通过媒体或标牌广告进行宣传，为居民提供健身咨询服务，培养社区居民的健身意识。另一方面，社区体育俱乐部与街道办事处积极合作，联合举办面向社区的体育活动。此外，不同的社区体育俱乐部间可以举办体育比赛，以加快社区体育俱乐部的发展，树立自身形象。

值得注意的是，虽然我国的社区体育组织多为公益性的，社区居民可以免费参加，但是健身设施不齐全、健身指导教练员不专业等问题也相当突出，而在社区体育俱乐部和体育健身中心等专业性的体育场所，健身设施齐全，有专业的健身指导教练员，但需要健身者承担一定的费用。

四、社区体育文化建设与传播的重要性

（一）体育产业发展的助推器

体育产业作为国民经济的组成部分，正在发挥着越来越重要的作用。社区体育文化由于带有全民健身的群体性体育运动的特点，因此其运作方式的重要基点在于公益性质，即更多地依靠国家和社会的投入，这与我国体育产业发展并行不悖。总体来说，社区体育与我国体育产业是相互促进的共同体，两者通过市场经济的供给和需求管理，共同开创了当前我国体育文化事业发展的良好局面。

（二）社区社会和谐的稳定器

和谐社区是构建和谐社会的重要基石。一般来说，和谐社区的建设标准主要包括管理制度健全、生活环境优美、道德风尚良好、文化健康向上等方面。而这些与社区体育文化的推动和促进作用是分不开的。首先，良好的社区体育文化管理机制建立在社区总的制度设计之上，其作为一个子系统，能够有效促进管理制度的科学化、规范化；其次，在社区生活环境中添置一些体育器材，供居民利用闲暇时间锻炼身体，打造社区美丽风景线；再次，充分发挥体育运动强身健体的作用，特别是引导居民走进社区，可以增进居民间的交流、沟通；最后，社区体育文化活动中所蕴含的友好、和谐的道德风尚，能够很好地巩固社区固有的习俗，引领社区居民积极追求健康、向上的生活方式。因此，将社区体育文化传播作为和谐社会构建的载体，特别是其中承载的体育品格、精神上的正能量，必将推动社区体育文化事业的发展与繁荣。

（三）社区居民联系的沟通器

现代社会的快节奏和高速率，使人们的个体意识日益强烈，再加上住宅楼中独立的生活空间，在某种程度上隔断了人们与社会生活的联系。居民间的交流和互动日益减少。按照现代和谐社会的构建标准，社区居民联系程度是衡量社区建设的重要指标。目前，我国在社区建设实践中，为了加强居民间的联系，大多数社区采取的是召开居民会议、发放“居民联系卡”等方式。而纵观这些由社区管理者主导的居民联系制度，对于社区居民来说，大都属于被动性质的，由于社区居民的积极性不高，其实际效果自然大打折扣。而社区体育文化可以将这种被动变为主动，居民通过体育锻炼，在保持身心健康的同时，可以真诚地交流、沟通，共同探讨时事和居家生活，既能够互通有无，也能够增强居民间的情感交流。

另外，社区居民参与社区事务的程度，也是衡量社区建设的重要标准。要从培养居民社区体育文化传播意识、完善社区居民参与共建制度、引导社区体育文化团体规范发展等方面着力，为社区体育文化传播提供广阔平台。

五、社区体育文化建设与传播的对策

（一）完善体育管理组织，健全社区组织管理机构

社区体育的组织管理决定着社区体育的发展状态。随着社区居民对体育需求度和对社区体育依赖性的不断提高，完善体育管理组织、健全社区组织管理机构势在必行。政府作为公共利益的代表，作为社区体育发展与管理中的公权主体，主要承担着社区体育发展中的规划者、组织者、裁判者与执法者的角色。同时，加强社区体育文化建设与管理，不仅是政府的事，还是全社会的共同责任。应充分发挥基层组织和社会团体的作用，积极扶持街道体育组织、体育协会及其他社会团体性质的群众体育组织，建立和完善社区体育指导中心和体育辅导站，发展家庭体育，形成有组织、有领导的社区体育文化活动网络。政府与社区体育组织形成了既有分工又相互合作的关系，形成了管理与服务、管理与指导有机结合的双重管理模式。

（二）整合资源，建立公共服务设施共享机制

拓展社区体育活动场所，为推动社区体育文化建设创造良好的条件。开发社区体育活动场所，解决开展社区体育活动体育场馆不足的问题，政府除了要加大投入，增添和建设可供大众锻炼和娱乐的场馆外，还应充分开放现有的公园、风景区等健身娱乐场地，都市城镇的园林绿地、公共广场也应该成为人们进行锻炼的场地。同时，在住宅小区的开发建设中，要把体育设施的配套建设，当作关系增强全民族体质的大事加以重视和考虑，逐步建立适宜人民群众的、大众化的健身娱乐场所。要充分利用社区内企事业机关、学校的体育设施，制定单位体育场馆向社区开放的有关法规。另外，应提高社区现有的体育场馆以及学校体育场地的利用率，在不影响场馆正常使用和教学的情况下，利用其空闲时段和节假日，适当收费或免费，面向社会、面向人民群众开放，以提供充裕的活动场所，满足人民群众开展体育健身娱乐活动的需要。学校体育场馆向社会开放是构建完善的全民健身服务体系的需要。学校体育场馆占全国体育场馆的2/3。如

果学校的场馆设施在满足学生体育教学和校内体育活动使用需求之外，能够有组织地向社区居民开放，无疑对缓解广大人民群众日益高涨的体育健身需求与体育场地设施不足的矛盾，加快全民健身服务体系的构建具有重要的现实意义。

（三）多渠道融资，加强社区体育文化基础设施建设

第一，社区体育经费实行公益型的管理方式，多渠道筹措经费。体育行政部门要加大对社区体育事业的经费投入，鼓励企事业单位、社会团体和个人捐赠社区体育器材，鼓励辖区单位举办或承担社区大型体育活动。有条件的社区可设立由团体和个人投资的社区体育发展基金。社区的各类体育协会或其他体育组织可实行会员制，向会员收取一定数额的会费。

第二，积极创造条件，开发体育产业，依法开办体育经营场所，为发展体育产业提供有利条件。要努力开展技术指导和培训、体育表演、健康咨询等多种形式的社区体育服务。

社区体育的资金来源主要有政府财政拨款、企业捐助、个人投资等。应充分利用市场手段，拓宽社区体育融资渠道。

（四）健全法律法规，规范社区体育文化

建设社区体育文化，应该在《中华人民共和国体育法》的基础上，制定出适合社区实际的法规，树立社区体育组织机构的权威性，明确社区体育的场地设施和经费来源，确保人人享有参与社区体育活动的权利。例如，制定社区和学校共享体育场地的规定，在学校和社区都可接受的时间内，将学校的体育场地向社区开放，同时社区体育设备应向学校开放。只有这样，才能真正体现“人人参与、人人共享”的社区体育理念，引导社区体育文化和谐健康发展。

（五）大力培养社会体育指导员队伍

实施全民健身计划，开展社区体育健身娱乐活动，无论从质量上还是数量上，都需要一大批具有事业心、管理能力强、技术水平高的社会体育指导员来引导人们进行科学而有效的体育健身和娱乐活动。人们在社会体

育指导员的指导下，根据自身的实际情况选择适合自己的体育活动项目、内容和方法。社会体育指导员则根据他们的需要，在理论知识和技术上进行必要和有效的指导。这样，开展社区体育健身娱乐活动就能收到事半功倍的效果，达到增强和提高国民身体素质和健康水平的目的。同时，国家应制定长远规划，做好培养社会体育指导员的工作，除少数体育院校已开始设置社会体育系，培养社会体育指导员外，对现有的业余社会体育志愿指导者，也应逐步进行培训，以提高他们的理论水平和技术水平。此外，做好社会体育指导员技术等级的评定和授予工作的同时，加快社会体育指导员职业化的步伐，使之能长期面向社会、服务于群众，科学地、系统地组织和指导群众开展全民健身和社区体育文化活动。

（六）抓住契机，利用好节日文化

社区体育文化传播需要借助一定的方式与方法，这样才能最大限度地提升传播效能。结合我国公众对节日文化的重视程度，利用好重大节日，将社区体育活动有机嵌入，不失为当前我国社区体育文化传播的有效措施。

1. 确定活动主题

我国的传统节日较多，并且内涵丰富，承载的文化价值因节日不同而有所区别，如清明节蕴含思念、中秋节蕴含团圆、春节蕴含喜庆等。因此，在开展社区体育文化活动前，一定要对节日背景有所了解，然后有针对性地设计活动的内容和形式，以彰显社区体育活动在传承传统文化、民族文化、和谐文化中的效能。

2. 制订活动计划

制订社区体育活动计划主要包括活动调研、资源归集、集思广益、形成共识等一系列过程。因社区体育活动承载着文化传播重任，在设计社区体育活动时，需要更多地考量文化因素，以及如何将文化因素有效地融入活动，进而产生文化传播对社会建设的正面效应。

3. 注重过程引导

在开展社区体育文化活动的过程中，根据居民的实际需求，要注重整合资源，在主题式、探究式、体验式的节日活动设计中，发挥好社区体育的文化引导作用：一是布置活动现场时，要体现出节日的气氛，必要时要鼓励居民一同布置，让居民真正成为活动的主人；二是要对社区内不同住宅小区的居民进行有意识的差异组合，让平时很少联系的居民通过活动进行交流、沟通，打破社区的小团体，融合社区的大家庭；三是设计一些有助于文化提升的特色活动，如笔者所在社区，每年均要在春节期间举办家庭羽毛球赛、乒乓球赛等，这对提升家庭观念和协作精神颇有益处。

第八章　全民健身背景下企业体育文化的建设与传播

第一节　体育文化在企业发展中的作用

一、企业文化与企业体育文化

（一）企业文化

企业文化是企业管理的一种崭新的理论和方法，最终的目标是最大限度地发挥企业的功能，提升企业凝聚力，增强团队意识，塑造企业形象，打造共同的企业价值观。一般来讲，企业文化功能包括导向功能、约束功能和凝聚功能。导向功能就是通过塑造企业文化来引导企业员工的行动，使其在潜移默化中接受共同的企业价值观，把企业目标和个人目标有机结合起来；约束功能就是靠一种传统、一种环境来规范企业员工行为，使其进行自我约束；凝聚功能就是企业全体员工共同创造的一种精神文化，体现了强烈的团体意识，是增强企业凝聚力的内在动因。

（二）企业体育文化

企业体育文化是一种内容广泛、系统开放的文化形态。企业体育文化通过促使本企业员工形成价值观和集体主义精神，强化企业的竞争意识，提高员工敢于拼搏、团结协作的意志品质和组织纪律性，培养良好的职业道德，来丰富和提升企业文化的层次和品位。企业体育文化是企业文化建设的重要因素之一，对形成企业文化特色，促进员工价值观念的形成、行为表现的规范和企业团队精神的确立，具有重要作用。一般来说，企业体育活动是为了发挥企业文化特定功能而开展的，并不是因为体育才与企业产生必然的、内在的联系。需要指出的是，企业文化所具有的如发展物质文明的导向功能、对精神文明建设的主体功能、对智力开发的动力功能、对共同意识的凝聚功能等功能，企业体育文化也都具有。

二、体育文化在企业发展中的促进作用

体育文化对企业有着深刻的影响，能够融入企业的发展过程，使企业员工具有体育精神。企业文化是企业在经营活动中形成的经营理念、经营目的、经营方针、价值观念、经营行为、社会责任、经营形象等的总和，是企业个性化的体现。企业文化是社会主义文化的有机组成部分。在构成上，企业文化可以分为三个层面：一是精神文化层，包括企业核心价值观、企业精神、企业哲学、企业道德和伦理等；二是制度文化层，包括企业的各种规章制度以及这些规章制度所遵循的理念（包括人力资源理念，管理、生产和营销理念等）；三是物质文化层，包括厂容厂貌、企业标识、厂歌等。所以，建设企业文化必须把企业文化具体化为制度文化、精神文化、物质文化，这三者缺一不可。

企业文化的核心是企业价值观，表现为实践中的行为，即企业的凝聚力，包括员工对企业的忠诚度、责任感、自豪感、精神面貌和职业化行为规范。健康良好的企业文化能够提高效率，增强企业竞争力。企业文化一旦形成，便能在广大员工中起到鼓舞、驱动、凝聚、熏陶、评价和规范的作用，使广大员工始终保持旺盛的斗志、昂扬的士气、进取的精神。

企业体育文化是企业文化的重要组成部分。现代企业离不开体育文化。企业文化和体育文化的共同之处在于：从观念形态来看，如果说企业文化的核心是价值观指导下的一种企业理念和精神气质，那么体育文化就体现了一种“个人”的公平竞争和顽强拼搏精神；如果说企业文化体现了集体的精神气质和员工风貌，那么体育文化就是“个人”的开放、拼搏、创新精神和理念的张扬。体育文化与企业文化具有互动性，并且相辅相成。这种互动性和相辅相成突出表现在成功的企业之中，独具魅力和特色的企业文化能够促进企业的大众健身运动和竞技精神，而这种蓬勃向上的健身和竞技精神，反过来又促进了企业文化的开放性、包容性，以及独特

的理念和风范的形成。

具体来说，体育文化在企业发展中的促进作用主要体现在以下几个方面。

第一，体育文化为企业的长远发展提供了绵延不绝的精神动力。随着我国从计划经济时代走向市场经济时代，我国的整体经济框架发生了深刻变化，虽然给企业带来了挑战，但也给企业的长远发展提供了机遇。在现代企业中，如何保持旺盛的生命力，使企业在激烈的竞争中实现发展，成为企业要思考的问题。我国传统的企业管理比较重视对生产过程的管理；而现代企业管理认为，企业生产经营效果与很多因素都有直接的关系，如管理方法、产品设计与创新、人才建设等，企业要想保持活力，就必须不断创新。体育文化的显著特点之一是具有敢做、敢冲的创新精神，将这种精神融入企业发展过程，能够进一步促进企业文化的开放性发展，增强企业发展的创新动力，使企业更加兴盛。

第二，体育文化为企业的发展带来了公平竞争的精神特质。体育文化的另一个显著特点是公平、公正、公开，其为企业的整体发展创造了公平竞争的环境。由于企业文化的特征之一就是公平，而企业在其中也是竞争个体，如果能将体育中的竞争精神融入企业文化，就能使企业获取经济效益，并产生良好社会反响。

从当前企业的发展形势来看，国家对市场进行了一定的干预，并且通过各项政策和法规，对市场进行了保护，为企业提供了公平竞争的环境。我国先后颁布了《关于开展和保护社会主义竞争的暂行规定》《中华人民共和国反不正当竞争法》等法律法规。由此可以看出，企业要想长远发展，就必须把公平竞争放在首要位置，而企业体育文化活动的举行，能够将公平竞争这一理念融入企业员工的头脑中，使他们不断在行业中拼搏和奋斗，提高企业的核心竞争力。

第三，体育文化赋予了企业积极合作的团队精神。现代企业向着规模化、集团化的方向发展，越来越多的企业将管理目标放在培养员工的团队协作精神上，让员工具有主人翁意识，能够更好与团队中其他成员配合，从而将自己的能力发挥到极致，推动企业发展目标的达成。而体育文化能够引导员工在面对激烈竞争时，共同协作、共同努力，最终获得胜利。只有这样，整个团队的潜能才能充分发挥出来，从而在竞争中立于不败之地。

第四，体育文化赋予了企业不服输的拼搏精神。我国古代著作《周易》中有这样一句话："天行健，君子以自强不息。"这句话对国家、民族、企业的发展起到了引导作用，只有自强不息，才能够保持旺盛的生命力，才能够获得长远的发展和最终的成功。拼搏精神是使个人、企业走向成功的重要因素之一。体育文化的精髓之一，就是要有不服输的精神，有战斗到底的决心。在激烈的市场竞争中，优胜劣汰是不变的规律，每个企业都面临着极大的挑战。当市场中的竞争对手越来越多、越来越强大时，企业应有不服输的精神，不断提升自己的能力，勇于拼搏，这样才能在市场上占有一席之地。

第五，体育文化对企业员工健康水平的促进为企业发展提供强有力的人力资源保障。良好的企业体育文化有利于促进企业员工的体育锻炼习惯的养成和体质健康水平的提高，从而在工作中保持旺盛的精力和聪颖的头脑，激发工作潜能，促进企业运行效率的提升。

第二节　企业体育文化活动的开展形式

在企业中开展丰富的体育活动，将体育活动渗透到企业文化中，已经成为很多企业的共同认知。但是如何正确开展企业体育文化活动，各个企业的想法不同，开展形式不同，达到的效果也不同。具体来说，企业体育文化活动可分为提高员工身体素质的锻炼、培养员工竞技精神的体育比赛、促进团队协作的友谊赛、放松员工身心的体育休闲活动等。

在很多企业中，员工都是长期坐在电脑面前办公，身体素质较差，接受的体育训练比较少，身体长期处于坐姿、站姿状态，容易出现肌肉酸痛、颈椎病、视力下降等问题，不仅影响员工的身体健康，还影响企业业务的顺利开展。针对员工的身体素质问题，企业可以开展一些提高员工身体素质的体育锻炼活动，让员工能够在强度较低的体育活动中提高自己的身体素质，从而以更加饱满的精神投入工作中。具体来说，有如下几个渠道。

一、晨会

晨会是企业文化的重要组成部分，是指利用上班前的 5 ～ 10 分钟，全体员工集合在一起，互相问候、交流信息和安排工作的一种管理方式。晨会是人员点到、活动发表、作业指导、生产总结、唤起注意、培训教育、信息交流的场所，有利于团队精神建设，起到保持全员良好精神面貌、培养全员文明礼貌、提高干部自身水平、提高工作布置效率、遵守行为规范的作用。大部分企业都采取宣读企业文化、主管训话等方式开晨会。如果在晨会上适当增加一些体育训练的内容，能使员工在清晨唤醒身体感官系统，从而使身体保持畅通。因此，在开晨会的时候，可以增加舞蹈、小游戏、广播体操、简单队列训练等活动，使员工紧张的身体得到放松。

二、培养员工拼搏精神的竞技体育比赛

为了丰富企业职工的业余生活，进一步推动体育活动的开展，带动体育活动的风气，增强企业凝聚力，也给企业员工提供展示自我的舞台，企业可以定期开展员工内部的竞技体育比赛活动。让有体育特长的员工报名参加各类活动，展示自我风采，使其他企业的有关人员也能够在观赏的过程中得到精神上的熏陶，体现出企业“我运动、我快乐”的宗旨。例如，企业可以每年举办乒乓球大赛。乒乓球是我国的国球，并且占用场地较小，操作比较简便，大多在室内进行，在各种天气下都可以进行比赛。员工可以自己报名，也可以内部进行推举。参与乒乓球比赛的员工，可获得

一定的物质奖励，在乒乓球比赛中取得优秀成绩的员工，应给予其更高的物质奖励，从而鼓励更多的员工参加企业的竞技体育比赛，赛出自我，赛出风采。

三、促进团队协作的友谊赛

企业体育文化中的友谊赛，既可以是企业各个部门之间的比赛，也可以是企业间的比赛，主要采取团队协作的方式进行，尽可能使团队中的每个人都参与进来，共同为团队的荣誉而努力，从而增强团队凝聚力。友谊赛也能够促进各部门、各企业之间的相互交流，使员工更加熟悉彼此的兴趣爱好和性格特征，从而在日后的工作中配合得更加默契。例如，企业间开展友谊足球赛活动，选拔企业中的优秀人员作为足球比赛选手，其他同事作为足球比赛的啦啦队，共同为企业荣誉而“战”。在比赛过程中，各企业应本着“友谊第一，比赛第二”的原则，在比赛过程中注重对足球技巧的交流，在运动中培养感情，从而增强团队凝聚力，使企业体育文化达到预期的效果。

四、放松员工身心的体育休闲活动

体育休闲活动是当前企业中广泛采用的一种形式，不仅能够缓解员工工作中压力，还能够使员工的身体素质得到提升。与同事一同参加体育休闲活动，能够加深员工之间的了解。企业可以利用空闲时间，组织员工进行登山、户外徒步、钓鱼、划船、漂流等休闲活动，让员工的身心得到放松，在繁忙的工作中找到生活的乐趣，促进员工身心健康。

第三节　企业体育文化的建设与传播策略

要想促进企业体育文化的建设与传播，就需要将企业文化与体育文化进行有效整合。企业体育文化建设主要分为三个层次，即物质文化建设、制度文化建设和精神文化建设。企业在发展的过程中自然而然地形成了一些文化，将企业独有的文化与体育文化相结合，能够促进两者共同发展。企业文化与体育文化的融合，不应采用静态、单一的方式，而应采用相互借鉴、相互渗透的方法，以实现企业体育文化的动态发展。在发展过程中，企业还应结合本身的特点，弘扬体育精神，完善企业体育制度，并对职工体育活动进行创新，从而实现企业文化与体育文化的完美融合。具体来说，可以采用以下几种方法。

一、提炼企业的核心价值观，提升文化的凝聚力

价值观是企业体育文化的核心，也是体育文化和企业文化整合的重要内容。近年来，很多企业开始注重在日常工作中创新体育活动，确保体育活动的人本化，坚持“以人为本”的核心理念，开展以促进身体健康和精神健康为核心的体育活动，很好地将企业体育文化与员工需求结合起来。价值观的确定与整合要综合考虑员工、股东以及社会的要求，要正确、明晰、科学，具有鲜明的个性特征，要体现企业的宗旨、管理战略和发展方向。为此，企业应根据自身的特点和经营环境，进行核心价值观的定位，调查企业员工对企业价值观的认可度，要发挥员工的创造精神，认真听取员工的意见，并经过自上而下、自下而上的多次反复，认真筛选出符合企业特点的核心价值观。

二、宣传企业体育文化，增强文化的吸引力

企业要利用宣传媒体，营造浓厚的文化氛围，宣传企业形象、企业理念等。企业要根据体育活动的新方向、新思路，积极营造活动氛围，将理念文化、制度文化等抽象概念转换为具体符号，通过大众媒体、宣传板、秩序册等手段进行传播，包括体育运动项目的名称、标志、职工的运动服装、宣传口号、体育用品、体育器材等。全力创新体育活动的组织形式，鼓励和支持以基层承办为主，以行政部门的指导和监督为辅，以各个部门为单元举办活动，加大经费投入，使体育活动深深植根于基层。加强活动硬环境建设，如很多企业非常注重硬件建设，建立了职工体育馆、健身馆、瑜伽室、棋牌室、篮球场、羽毛球场、乒乓球场等活动场所，并结合企业职工的特点，以人文化和科学化为依据，加快企业体育文化建设，吸引广大企业员工积极参与体育健身活动。

三、建立相应的规章制度，强化文化的塑造力

文化的整合不仅要宣传，还要有必要的制度保障，避免空洞的说教。因此，在企业中要建立和完善相应的规章制度，尤其要建立严格的与之配套的奖惩制度，这对于塑造企业价值观具有重要的保障作用。很多企业都加强了体育基础设施建设，并且结合企业实际，制定了职工体育发展目标、规划。我国通过建章立制，形成了一套完善的组织架构与健全的运行机制。

四、加强企业体育文化的整合培训，提高文化的融合力和创新力

企业体育文化的整合是群体信念和行为方式的革命，是一个长期的过程。开展体育活动，重要的并不是体育项目，而是坚持体育文化与企业文化相结合原则，对项目活动蕴含的体育文化的宣传，使企业员工理解企业体育精神的文化内涵。例如，企业可以举办节日性体育活动，让活动与“情”相融，如举行“喜迎三八，乐在我家”等活动，使员工感受到浓浓

的节日气氛，增进亲情、友情。开展团体性体育活动，增强团队凝聚力，如根据季节变化，做到“月月有赛事、周周有活动”，组织羽毛球比赛、乒乓球比赛等。在各类大型群体活动浓厚氛围的渲染下，员工自发组织的团体活动亦层出不穷，如晨跑、健身操、太极拳等极大地丰富了员工的业余文化生活，培养了员工高雅的生活情趣，真正做到了以体育促和谐。

五、加大投入，改善环境

体育经费的投入不再局限于场地、器材的租用等，参加企业体育活动的职工，而是用于企业的每一位职工。经济效益好的企业可利用充足的体育经费实行奖励制度，对职工的体育参与行为进行调查，对不参加、少参加、经常参加企业体育活动的职工实行不同的奖励制度，以“多运动多奖励，少运动少奖励，不运动不奖励”的原则，形成有效的激励机制。体育经费不足的企业可通过行政拨款、体育补助等方式拿出一定数量的资金作为奖励基金，鼓励职工积极参加企业体育活动。加强体育物质建设，营造良好的体育文化氛围，改善企业人文环境。从满足职工的体育需求着手，无论从精神上、物质上还是政策上，都尽可能为企业的体育文化建设创造良好的条件。

参考文献

[1] 白晋湘.我国民族传统体育改革发展40年回顾与展望[J].上海体育学院学报，2018，42（5）：9–14.

[2] 陈福刁，冯卫，陈琦，等.休闲体育文化研究的理性思考[J].沈阳体育学院学报，2011，30（1）：39–42.

[3] 陈思.企业体育文化建设研究[D].武汉：湖北大学，2012.

[4] 程一辉，庄志勇，苏振南.校园体育文化的功能、价值取向与建设性对策[J].体育与科学，2007，28（3）：91–93，96.

[5] 戴志鹏，王岗.我国全民健身的工作格局变迁与政策体系演进[J].武汉体育学院学报，2017，51（11）：5–13.

[6] 董俊.体育运动与人体健康及生活方式的探究[J].科技信息（学术研究），2007（36）：604–605.

[7] 冯若旭.对我国休闲体育文化的思考[J].体育科技文献通报，2018，26（8）：121–122.

[8] 傅强，金林群.校园体育文化提高高职学生社会适应能力的内在机制[J].体育学刊，2014，21（1）：73–76.

[9] 何文斯.社区体育文化建设现状及对策研究[D].北京：北京体育大学，2014.

[10] 胡鞍钢，方旭东.全民健身国家战略：内涵与发展思路[J].体育科学，2016，36（3）：3–9.

[11] 黄滨，付振亚.试探企业体育文化发展策略[J].体育文化导刊，2011（1）：25–27.

[12] 黄义军，翟东波.全民健身公共服务体系研究现状及发展策略[J].西安体育学院学报，2017，34（2）：189–194，256.

[13] 季谋芳.体育公共政策执行研究[D].长沙：湖南师范大学，2013.

[14] 贾国有，欧阳林.现代体育文化模式的构建与发展趋势[J].甘肃高师学报，2017，22（12）：86-88.
[15] 贾国有.论现代体育文化的文化认同与文化适应[J].课程教育研究，2016（21）：210-211.
[16] 贾冉.校园体育文化研究模式的重构[D].济南：山东师范大学，2008.
[17] 蒋毅，蔡峰，李金.全民健身背景下学校参与社区体育文化建设的对策研究[J].体育科技文献通报，2018，26（1）：50-51，89.
[18] 雷涛.全民健身与体育产业协同发展：理论逻辑与实践路径[J].西安体育学院学报，2017，34（6）：664-669.
[19] 李春晖.当代中国体育文化的内涵、特性与体育人文精神建设[J].北京体育大学学报，2015，38（12）：22-26，32.
[20] 林泽宇.企业体育文化与品牌精神传播研究[D].武汉：武汉理工大学，2015.
[21] 刘久龙.构建校园体育文化全新模式的理性思考与研究[D].武汉：武汉理工大学，2005.
[22] 卢文云，陈佩杰.全民健身与全民健康深度融合的内涵、路径与体制机制研究[J].体育科学，2018，38（5）：25-39，55.
[23] 陆英浩，柏慧敏.休闲体育文化的意义隐喻[J].上海体育学院学报，2013，37（2）：34-37，80.
[24] 蒙丽丽.社会主义核心价值观视域下高校校园体育文化建设研究[D].桂林：广西师范学院，2016.
[25] 孟令忠，原建军，张平.社会转型时期中国城市社区体育文化建设初探[J].体育与科学，2006，27（3）：21-24.

［26］牟丽平 . 中国特色社会主义体育文化发展研究［D］. 长春：东北师范大学，2015.

［27］牟向前，王庆军，苏灿峰 . 新时代背景下大学校园体育文化的传播要素与传播策略分析［J］. 福建体育科技，2019，38（5）：56–59.

［28］饶平 . 中国民族传统体育文化生态研究［D］. 长沙：湖南师范大学，2015.

［29］任海 . 聚焦生活，重塑体育文化［J］. 体育科学，2019，39（4）：3–11.

［30］沈芝萍 . 体育健身运动对人体健康和生活方式的影响［J］. 体育文化导刊，2006（3）：58–60.

［31］苏进 . 新型城市化下城市休闲体育文化的发展［J］. 体育成人教育学刊，2015，31（1）：42–44.

［32］谭明琼 . 学校参与社区体育文化建设的现状与对策研究［D］. 北京：首都体育学院，2009.

［33］王莉，孟亚峥，黄亚玲，等 . 全民健身公共服务体系构成与标准化研究［J］. 北京体育大学学报，2015，38（3）：1–7.

［34］王艳云，左成 . 探析我国高校校园体育文化［J］. 北京体育大学学报，2006，29（9）：1177–1178，1184.

［35］王湛卿 . 高校校园体育文化建设研究：以武汉地区高校为例［D］. 武汉：湖北工业大学，2014.

［36］魏琳洁 . 校园体育文化与高校人才培养之研究：以独立学院为例［D］. 西安：西安建筑科技大学，2008.

［37］谢光辉，卢锋，张玥 . 休闲体育文化解析［J］. 成都体育学院学报，2011，37（2）：48–50，74.

［38］宿彦军．论现代体育文化发展的价值意蕴［J］．考试周刊，2010（34）：149–150.
［39］徐伟．高校校园体育文化建设及其育人的内在机理分析［J］．北京体育大学学报，2015，38（1）：94–99.
［40］徐子艺．我国老年人体育健身活动现状调查研究［D］．成都：成都体育学院，2018.
［41］杨丽华，吴忠义．略论体育健身理论的科学基础：兼谈健身练习手段、强度、负荷及方法［J］．体育学刊，1999（4）：7–8，16.
［42］尹继林，李乃琼．我国民族传统体育文化现代化转型的困境与启示［J］．西安体育学院学报，2016，33（1）：88–93.
［43］袁玫．论企业体育文化构建与企业高品质发展［J］．重庆教育学院学报，2007，20（6）：100–102.
［44］袁强，蔡莉．社区体育文化与社会体育发展的探讨［J］．当代体育科技，2019，9（30）：190，192.
［45］张斌．体育文化与全民健身运动［M］．长春：吉林大学出版社，2014.
［46］张德胜，赵小峰，张伟，等．休闲体育文化传播方式研究［J］．当代传播，2007（4）：24–26.
［47］张虎祥．体育文化与全民健身［M］．北京：九州出版社，2017.
［48］张辉．中国民族传统体育文化与西方现代体育文化的辩证统一［N］．中国体育报，2017–05–08（7）.
［49］张征．校园体育文化环境与体育社团建设研究［M］．北京：中国书籍出版社，2020.
［50］张晓盼．休闲体育文化价值与实现策略研究［D］．济南：山东大学，2014.

[51] 张亚平.论休闲体育文化的可持续发展[J].商场现代化，2005（4）：202-203.

[52] 郑继超，赵娜."互联网+"背景下我国高校校园体育文化发展的困境与路径[J].体育研究与教育，2016，31（2）：50-53.

[53] 周凯，吕万刚，聂应军，等.我国城市社区体育文化评价的指标体系[J].武汉体育学院学报，2012，46（8）：54-60.

[54] 章罗庚.校园体育文化导论[M].长沙：湖南大学出版社，2009.

[55] 刘佳，南子春，马占菊.校园体育文化的建设与发展探究[M].北京：中国纺织出版社，2021.